LA REGOLA DI SAN BENEDETTO

BENEDETTO DA NORCIA

Traduzione di
FRANCESCO LEOPOLDO ZELLI JACOBUZI

INDICE

PROLOGO ALLA REGOLA DI S. BENEDETTO	1
1. Delle specie o della vita dei Monaci.	5
2. Quale debba essere l'Abbate.	7
3. Del valersi dei fratelli a consiglio.	11
4. Quali siano gli strumenti delle buone opere.	13
5. Dell'Obbedienza.	17
6. Della Taciturnità.	19
7. Dell'umiltà.	20
8. Degli Officii divini di notte.	26
9. Quanti salmi si abbiano a dire nell'officio di notte.	27
10. Come si deve regolare l'officio di notte in tempo di estate.	29
11. Come si dee regolare l'officio della notte nei giorni di Domenica.	30
12. Come si debba regolare il Mattutino solenne.	32
13. Come si debba regolare il Mattutino nei giorni feriali.	33
14. Come si debba regolare l'officio di notte nelle feste dei Santi.	35
15. In quali tempi si debba dire l'Alleluja.	36
16. Come si abbiano a regolare gli officii divini nel giorno.	37
17. Quanti salmi si debbano dire in dette ore.	38
18. Con qual ordine si debbano dire i detti salmi.	40
19. Della disciplina del salmeggiare.	43
20. Della riverenza nell'orazione.	44
21. Dei Decani del Monastero.	45
22. Come debbano dormire i monaci.	46
23. Della scomunica per le colpe.	47
24. Quale sia la pena della scomunica.	48
25. Delle colpe più gravi.	49

26. Di coloro che senza il comandamento dell'Abbate si uniscono agli scomunicati. 50
27. Come debba essere sollecito l'Abbate circa gli scomunicati. 51
28. Di coloro che più volte corretti, non si saranno emendati. 53
29. Se debbano di nuovo riceversi i fratelli usciti di monastero. 54
30. Del modo come si hanno a correggere i fanciulli. 55
31. Del Cellerario del Monastero, quale debba essere. 56
32. Dei ferri e delle robe del Monastero. 58
33. Se debbano i monaci avere cosa alcuna di proprio. 59
34. Che tutti debbano avere egualmente le cose necessarie. 60
35. Dei Settimanarii di Cucina. 61
36. Dei fratelli infermi. 63
37. Dei vecchi e dei fanciulli. 65
38. Dell'eddomadario lettore. 66
39. Della misura del cibo. 68
40. Della misura del bere. 70
41. A quali ore debbano refocillarsi i fratelli. 72
42. Che dopo Compieta niuno deve parlare. 73
43. Di coloro che giungono tardi all'officio divino o alla mensa. 75
44. Del modo con cui gli scomunicati debbono soddisfare. 77
45. Di coloro che fallano nell'Oratorio. 79
46. Di coloro che fallano in altre cose. 80
47. Come l'ora dell'Opera di Dio dev'essere annunziata. 81
48. Del lavoro giornaliero. 82
49. Dell'osservanza della Quaresima. 84
50. De' fratelli che lavorano lungi dall'Oratorio o che sono in viaggio. 86
51. De' fratelli che vanno non molto lungi. 87
52. Dell'Oratorio del monastero. 88
53. Come si debbano ricevere gli Ospiti. 89
54. Se debba il monaco ricevere lettere o altro. 91
55. Delle vesti e delle calzature dei fratelli. 92
56. Della mensa dell'Abbate. 94

57. Degli artefici del Monastero.	95
58. Della regola di ricevere i fratelli.	96
59. Dei figli dei nobili o dei poveri che sono offerti.	99
60. Dei Sacerdoti che volessero abitare in monastero.	101
61. Dei monaci pellegrini come si debbono ricevere.	102
62. Dei Sacerdoti del Monastero.	104
63. Dell'ordine della Comunità.	106
64. Dell'elezione dell'Abbate.	108
65. Del Preposito del Monastero.	110
66. Dei Portinai del Monastero.	112
67. Dei Fratelli che vanno in viaggio.	113
68. Se a un Fratello sian comandate cose impossibili.	114
69. Che in Monastero nessuno ardisca difendere un altro.	115
70. Che niuno ardisca percuotere altrui.	116
71. Che i fratelli debbano obbedirsi l'un l'altro.	117
72. Del zelo buono che debbono avere i Monaci.	118
Epilogo	119

PROLOGO ALLA REGOLA DI S. BENEDETTO

Ascolta, figlio, i precetti del Maestro, e porgi le orecchie del tuo cuore, e ricevi di buon volere l'avvertimento del savio padre, ed efficacemente lo adempi; perchè con la fatica dell'obbedienza tu a Lui ritorni, da cui con inerzia della disobbedienza ti eri dilungato.

A te dunque ora si rivolge il mio parlare, chiunque tu sii che, rinunziando alle proprie voluttà, dai di piglio alle fortissime e lucide armi dell'obbedienza, per militare sotto il vero re Cristo Signore.

E primieramente, tu devi con instantissima orazione chiedere da Lui, che perfezioni qualsiasi bene tu incominci a fare; ond'Egli, che si è già degnato di contarci nel numero dei suoi figli, non debba un giorno sdegnarsi delle nostre malvage azioni. Epperò devesi così a Lui ubbidire sempre intorno al bene, che non solo da padre irato non diseredi un giorno i suoi figli, ma neanche da Signore terribile, sdegnato per i nostri peccati, condanni all'eterna pena i vilissimi schiavi, che non avranno voluto seguirlo alla gloria.

Sorgiamo dunque una volta, secondo che ci scuote la parola divina, dicendo: Ella è già ora di destarsi dal sonno. — E aperti i nostri occhi al lume di Dio, con le orecchie tese ascoltiamo checché ci avverta la voce divina tuttodì esclamante: Oggi, se udirete la voce di lui, non vogliate indurire i vostri cuori. — E altrove: Chi ha orecchi da udire, oda quello che lo Spirito Santo dice alle Chiese. — E che dice: Venite, o figliuoli, ascoltatemi: io v'insegnerò il timore di Dio. Correte, mentre che avete il lume della vita, perchè non vi colgano le tenebre della morte. — E cercando il Signore nella moltitudine del popolo a cui parla il suo operajo, in altro luogo dice: Chi è l'uomo che vuole la vita, e brama vedere i giorni buoni? — Che se tu udendo, rispondi: Son io; — Iddio ti dice: Se tu vuoi avere la vera e perpetua vita, ritieni la tua lingua dal male, e le tue labbra non si schiudano all'inganno: allontanati dal male, e opera il bene: cerca la pace, e seguila. E quando avrete fatto tai cose, i miei occhi saranno sopra di voi, e le mie orecchie le avrò intente alle vostre preci. E primachè m'invochiate, dirò: Eccomi, io son presto.

Che mai può essere a noi più dolce di questa voce del Signore che sì c'invita, fratelli carissimi? Ecco che il Signore nella sua bontà ci mostra la via della vita. Adunque, succinti i nostri lombi, con la fedele osservanza delle opere buone, dietro la guida dell'Evangelio, battiamo le strade di esso; affinchè meritiamo di vedere nel suo regno, Colui che ci ha chiamati. Nella sede del qual regno, a voler dimorare, se non che correndo nelle buone opere, non si perviene.

Ma interroghiamo il Signore, con le parole del profeta, e diciamogli: Signore, chi abiterà nel tuo tabernacolo, o chi si riposerà nel tuo santo monte? — Dopo questa interrogazione, ascoltiamo, o fratelli, il Signore che risponde, e che ci mostra la strada dello stesso tabernacolo, dicendo: Colui che cammina in integrità, ed opera la giustizia: Che parla la verità secondo il cuore; che non bramò inganni con la sua lingua: Che non fece male al suo prossimo; che non iscagliò ignominia contro al suo simile: Che respingendo dal suo cuore il maligno diavolo che in alcun modo lo tentava, e le insinuazioni di lui, lo ridusse ai niente, e tenne in non cale gl'inganni, e gl'infranse in Cristo: Coloro infine, che, temendo il Signore, non s'insuperbiscono della loro rettitudine; ma stimando questo stesso bene non venir loro dalle proprie forze ma da Dio, magnificano il Signore che opera in loro, dicendo quel del Profeta: Non a noi, o Signore, non a noi, ma al tuo nome dà gloria. — Siccome anco l'Apostolo Paolo nulla riferiva a sè della sua predicazione, quando diceva: Gli è per la grazia di Dio che io son quel che sono. — E altrove il medesimo scrive: Chi si gloria, nel Signore si glorii. — E però il Redentore nell'Evangelio dice: Chi ode queste mie parole e le adempie, io lo rassomiglierò all'uomo sapiente, il quale edificò la sua casa sulla pietra. Irruppero i fiumi, soffiarono i venti, e infuriarono contro quella casa; ma essa non cadde, poiché era fondata sulla pietra. — A questo fine il Signore attende ogni dì che noi corrispondiamo coi nostri fatti a cotali suoi santi avvertimenti.

Perciò, ad emenda dal male, sono a noi conceduti, siccome una tregua, i giorni di questa vita, dicendo l'Apostolo: Forsechè ignori, che la pazienza di Dio ti conduce a penitenza? Perocché il pietoso Signore dice: Io non voglio la morto del peccatore, ma ch'ei si converta e viva. — Avendo dunque noi, o fratelli, interrogato il Signore, circa l'abitatore del suo tabernacolo, abbiamo udito come si ottenga di abitarvi. Onde, se adempiamo il debito di esso abitatore, saremo eredi del regno dei cieli. Adunque convien disporre i cuori e le membra nostre alla milizia dei precetti della santa obbedienza; e pregare il Signore, che ci sia decretato l'ajuto della sua grazia, per ciò appunto, che la natura nostra non può tanto in noi. E se vogliamo, evitando le pene dell'inferno, pervenire alla vita perpetua, mentre che ancora è tempo, e siamo in questo corpo, e tutto ciò si può adempire per questa strada di luce; ei ci bisogna correre ed operare di presente, quel che a noi sarà spediente per l'eternità. Si ha dunque da stabilire la palestra del servizio divino: nel quale regolamento nulla speriamo imporre né di aspro, né di grave. Che se, dietro il dettame di ragionevole equità, ci terremo alcun poco ristretti, in ordine all'emenda dei vizii e alla conservazione della carità, non dar subito le spalle, come colto da paura, alla strada della salute; la quale non si può se non per angusto adito incominciare. Coll'andar poi della conversione e della fedeltà, con cuor largo e indescrivibile dolcezza di amore, si batte la strada dei comandamenti di Dio. Cosi non mai dipartendoci dal magistero di lui, perseverando nelle dottrine sue in monastero sino alla morte, parteciperemo per la pazienza ai patimenti di Cristo, e potremo meritare di essere consorti del suo regno.

1

DELLE SPECIE O DELLA VITA DEI MONACI.

Egli è noto, che sono quattro le specie dei monaci. La prima è dei Cenobiti, cioè monasteriali, militanti sotto una Regola o un Abbate. Siegue la seconda, degli Anacoreti, cioè Eremiti; che non per recente fervore di conversione, ma per lunga pruova di monastero, di già istruiti dal conforto di altri molti, appresero a combattere contro il Diavolo; e ben muniti escono dal domestico combattimento alla singolare tenzone dell'eremo, di già sicuri, bastano, con l'ajuto di Dio, senza l'altrui consolazione, con la sola mano o il braccio, a pugnare contro i vizii della carne dei pensieri.

La terza specie poi, abominevolissima, di monaci è dei Sarabaiti; i quali né provati da regole né ammaestrati dall'esperienza, come oro nel crogiuolo, ma ammolliti come piombo liquefatto, ancora serbando fede al secolo con le opere, veggonsi mentire innanzi a Dio per la loro tonsura. Essi, a due, a tre, e talvolta soli, senza pastore, non racchiusi, nell'ovile del Signore ma nel proprio, hanno per legge la voluttà dei loro desiderii; perocché ciò che essi pensano e scelgono, ciò dicono santo: e ciò che non vogliono, ciò reputano illecito.

La quarta specie infine di monaci è di quei che diconsi Girovaghi; i quali passano tutta la loro vita ospitando tre quattro giorni in varie celle e paesi, sempre vagabondi e non mai stabili, schiavi delle proprie voluttà e gozzoviglie, ed al tutto più vili dei Sarabaiti. Della compiangevole vita di tutti costoro meglio è tacere che parlare.

Lasciando adunque cosifatti monaci, veniamo con l'ajuto di Dio, a ordinare la fortissima specie de' Cenobiti.

2
QUALE DEBBA ESSERE L'ABBATE.

L'Abbate che è degno di presiedere al Monastero, sempre si ha da ricordare del nome che porta, e al nome di superiore corrispondere coi fatti. Devesi però credere ch'egli faccia nel Monastero le veci di Cristo, dapoichè chiamasi con lo stesso appellativo di Lui, dicendo l'Apostolo: Voi riceveste lo spirito di figli adottivi, pel quale esclamiamo *Abba*, Padre. — Pertanto l'Abbate nulla, che Dio guardi, deve o insegnare o stabilire o comandare, fuor del precetto del Signore. Anzi il comando o l'insegnamento di lui sia sparso nelle menti dei discepoli, come lievito della divina giustizia.

Si rammenti sempre l'Abbate, che nel tremendo giudizio di Dio saranno messi a disamina così il suo insegnamento, come l'obbedienza dei discepoli. E sappia l'Abbate, che sarà ascritto a colpa del pastore, tutto quel meno di utile che il padrefamiglia troverà nelle pecorelle. E allora, per contrario, sarà libero, se da buon pastore avrà adoperato ogni diligenza verso l'inquieto e disobbediente gregge, e prestato ogni cura alle debolezze di esso.

Onde per uscire assoluto dal giudizio del Signore, dica a lui col profeta: Io non ho celato nel mio cuore la tua giustizia, ed ho annunziato la tua verità e la tua salute: ma essi non curanti mi disprezzarono. — Ed allora ultimamente alle disobbedienti sue pecorelle sia pena condegna la stessa morte. Quando dunque alcuno prende il nome di Abbate, deve soprastare ai suoi discepoli con doppio insegnamento; cioè tutte le cose buone e sante mostrare più con i fatti che con le parole; sicché ai discepoli sagaci proponga i comandamenti del Signore con le parole, e ai duri di cuore e più semplici, dimostri i divini precetti con i suoi fatti. Tutto quello poi che avrà insegnato ai discepoli da fuggirsi, indichi col suo esempio non doversi fare: affinchè predicando agli altri, non si trovi lui reprobo, e il Signore non abbia un giorno a dire a lui peccatore: Come tu esponi le mie giustizie, e ti metti in bocca il mio insegnamento? Tu intanto odiasti la disciplina, e ti gettasti dietro le mie parole! Or tu che vedevi la *festuca* nell'occhio del tuo fratello, come non vedesti la trave nel tuo? —

Non si riguardi da lui a persona nel monastero. Non ami uno più che un altro, se non colui che avrà trovato migliore nelle opere buone o nell'obbedienza. Non si anteponga il libero allo schiavo convertito, se forse altrimenti non consigliasse grave ragione. Che se, per dettame di giustizia, così sembrasse bene all'Abbate, rispetto a qualsiasi ordine, ed ei lo faccia: altrimenti, tenga ciascuno il proprio luogo. Perciocché o schiavo o libero, tutti siamo eguali in Cristo Gesù, e sotto uno stesso Signore, siccome servi, portiamo il medesimo cingolo militare; giacché non vi é riguardo di persone davanti a Dio. Solo in questo noi ci distinguiamo davanti a Lui, se cioè più buoni degli altri nella nostra vita e più umili saremo trovati. Adunque usi l'Abbate eguale carità con tutti, e offra a tutti la stessa disciplina, secondo che conviene.

Imperocché l'Abbate deve nella sua dottrina conservare sempre quella forma apostolica, come sta scritto: Riprendi, sgrida, supplica; cioè, a seconda delle circostanze, accoppiando ai terrore l'allettamento, dia a divedere il rigido affetto del maestro, e il pietoso cuore del padre; vale a dire, ch'ei deve più duramente riprendere gl'inquieti e gl'disciplinati, supplicare poi gli obbedienti, i mansueti e i pazienti, affinchè progrediscano in meglio. Lo ammoniamo infine a sgridare e riprendere i negligenti e non curanti. Né dissimuli i difetti di coloro che falliscono, ma subito come si vedono incominciare a nascere, nella radice, com'é necessario, li tronchi; memore del caso di Eli, Sacerdote di Silo. Le menti più composte e ragionevoli le riprenda con le parole nella prima o seconda ammonizione; ma i malvagi e duri di cuore e superbi e disobbedienti anche sul primo incominciare del peccato li raffreni con battiture e castighi corporali, sapendo che sta scritto: Lo stolto non si corregge per le parole. — E altrove: Batti il tuo figlio con la verga, e libererai dalla morte l'anima di lui. —

L'abate deve ognora ricordarsi di ciò ch'egli è, ricordarsi del nome che porta, e sapere, che a cui più si commette, più si richiede. Conosca quanto difficile ed ardua impresa ha indossato col reggere le anime, e acconciarsi al costume di molti. Ed uno trattando colle lusinghe, un altro con le persuasioni, secondo la qualità e intelligenza di ciascuno, così a tutti si conformi e si adatti, che non solo non permetta il danno dei gregge a lui commesso, ma anzi si rallegri nell'incremento delle buone pecorelle.

Innanzi a tutto si guardi, dissimulando o tenendo da poco la salute delle anime a lui affidate, dal prendere troppa cura delle cose transitorie, terrene e caduche; ma sempre pensi, ch'egli ha preso a reggere anime, delle quali dovrà rendere conto. E perchè non si affligga per avventura della pochezza dell'entrate, abbia a mente che è scritto: Prima cercate il regno di Dio e la sua giustizia, e tutte le altre cose vi saranno date di sopravvanzo. — Ed anche: Nulla manca a coloro che temono Dio. — E sappia, che chi ha preso a reggere anime, deve prepararsi a renderne ragione. E quanto sarà il numero de' fratelli che avrà sotto la sua cura, si accerti che di altrettante anime dovrà rendere conto al Signore nel giorno del giudizio; aggiuntavi senza dubbio anche l'anima sua. E così ognora temendo la futura disamina del Pastore circa le pecorelle affidate, se ha giusta tema del giudizio che si farà di esse, sia sollecito del giudizio che si farà di sè. E nel porgere altrui la correzione co' suoi avvertimenti, egli stesso si fa mondo dai vizii.

3

DEL VALERSI DEI FRATELLI A CONSIGLIO.

Ogni volta che si abbiano a trattare nel monastero cose di particolare considerazione, convochi l'Abbate tutta la comunità, e dica lui di che si tratta. Udito quindi il consiglio dei fratelli, lo ripensi seco medesimo, e poi faccia quello che avrà giudicato più utile. Perciò dicemmo che si chiamino a consiglio tutti; perocché spesso il Signore rivela al più giovane quello ch'è meglio. Ma i fratelli diano il consiglio con ogni soggezione e umiltà, sicché non presumano di difendere procacemente la loro opinione, ma più tosto si dipenda dall'arbitrio dell'Abbate; onde secondo che Egli avrà giudicato più savio, tutti gli obbediscano. Imperocché siccome è dovere dei discepoli obbedire al maestro, così sta a lui disporre ogni cosa provvidamente e giustamente. Tutti adunque in tutto seguitino per maestra la Regola, né alcuno temerariamente se ne allontani.

Nessuno in monastero seguiti il proprio volere. Né ardisca veruno di venire a proterva contesa coll'Abbate, o dentro o fuori del monastero. Che se l'abbia fatto, sia sottoposto alla pena della

Regola. Esso Abbate però faccia tutto con timore di Dio e osservanza della Regola; sapendo ch'egli fuor di dubbio dovrà rendere conto a Dio giudice di tutti i suoi giudizii.

Se poi si avessero a trattare cose di minor momento a utilità del monastero, l'Abbate usi solo del consiglio dei seniori, come sta scritto: Tutto fà col consiglio, e del fatto non ti pentirai.

4
QUALI SIANO GLI STRUMENTI DELLE BUONE OPERE.

Primieramente amare il Signore Iddio con tutto il cuore, con tutta l'anima, con tutta la forza.

2. E poi amare il prossimo come te stesso.
3. E poi non uccidere.
4. Non adulterare.
5. Non rubare.
6. Non concupire.
7. Non dir falso testimonio.
8. Onorare tutti gli uomini.
9. E niuno faccia agli altri ciò che non vuole sia fatto a lui.
10. Annegare sé stesso per seguire Cristo.
11. Mortificare il corpo.
12. Non abbracciare le delizie.
13. Amare il digiuno.
14. Ristorare i poveri.
15. Vestire il nudo.
16. Visitare l'infermo.

17. Sepellire il morto.

18. Sovvenire gli altri nella tribolazione.

19. Consolare l'afflitto.

20. Distaccarsi dalle opere del mondo.

21. Nulla mettere innanzi all'amore di Cristo.

22. Non compiere l'ira.

23. Non serbare l'ira ad altro tempo.

24. Non tenere inganno nel cuore.

25. Non dare pace falsa.

26. Non abbandonare la castità.

27. Non giurare, perchè talora non si spergiuri.

28. Portare nel cuore e nella bocca la verità.

29. Non rendere male per male.

30. Non fare ingiuria; ma fatta che ci sia, pazientemente sopportarla.

31. Amare i nemici.

32. Non rimaledire a chi ci maledice, ma anzi benedirlo.

33. Sostenere persecuzione per la giustizia.

34. Non essere superbo.

35. Non beone.

36. Non mangiatore.

37. Non sonnolento.

38. Non pigro.

39. Non mormoratore.

40. Non detrattore.

41. Mettere in Dio la propria speranza.

42. Bene che in se vegga, ascriverlo a Dio non a sé.

43. Il male però riconosca sempre di averlo fatto, e a sé lo ascriva.

44. Temere il giorno del giudizio.

45. Tremar dell'inferno.

46. Bramare la vita eterna con ogni spirituale desiderio.

47. Avere ogni dì innanzi agli occhi la morte, come fosse per venire.

48. Custodire ognora gli atti della propria vita.

49. Accertarsi che Dio in ogni luogo ci guarda.

50. Spezzare sulla pietra di Cristo i cattivi pensieri, appena ci spuntano nel cuore.

51. Aprirsi al padre spirituale.

52. Custodire la bocca dal cattivo e sconcio parlare.

53. Non amare il molto discorso.

54. Non dire parole vane o da riso.

55. Non amare il troppo e scomposto ridere.

56. Udire volentieri le sante letture.

57. Frequentemente accudire all'orazione.

58. Ogni giorno confessare a Dio nell'orazione con lacrime e gemiti i trascorsi peccati; e per l'avvenire emendarsene.

59. Non compiere i desiderii carnali.

60. Odiare la propria volontà.

61. Obbedire in tutto ai comandi dell'Abbate, anche se egli (che mai non sia!) altrimenti taccia, memori, di quel precetto del Signore; Fate quello che dicono, né vogliate fare quello che fanno.

62. Non volere esser detto santo prima di essere; ma prima esserlo, onde, dicasi più vero.

63. Adempiere ogni dì i comandamenti di Dio coi fatti.

64. Amare la castità.

65. Non odiare nessuno.

66. Non avere gelosia o invidia.

67. Non amare le contese.

68. Fuggire la gonfiezza e la vana gloria.

69. Venerare i Seniori.

70. Amare i più giovani.

71. Nell'amore di Cristo pregare pei nemici.

72. Tornare in pace col litigante, prima che il sole tramonti.

73. E della misericordia di Dio giammai non disperare.

Ecco, questi sono gli strumenti dell'arte spirituale; i quali se saranno da noi usati giorno e notte incessantemente, e riconsegnati nel di del giudizio; ci verrà ricompensato dal Signore con la mercede ch'Egli ha promessa: perocché occhio non vide, né orecchio intese, né in cuor di uomo sorse mai quello che Dio ha preparato a coloro che l'amano.

L'officina poi dove dobbiamo diligentemente lavorare intorno a queste cose, è il Chiostro del Monastero, e la stabilità in comune nella Congregazione.

5
DELL'OBBEDIENZA.

Il primo grado di umiltà è l'obbedienza, ma pronta. Questa si esercita da coloro che, nulla ponendo innanzi a Cristo, per l'amore del divino servizio che hanno professato, o pel timore dell'inferno, o per la gloria della vita eterna, appena loro vien comandata qualche cosa dal Superiore, come se fosse cenno di Dio, non mettono indugio all'eseguire. Dei quali dice il Signore: Appena udito mi obbedì. — E similmente dice ai maestri: Chi voi ascolta, me ascolta. — E questi tali, abbandonando tosto le cose loro, e rinnegando la propria volontà, subito lasciando imperfetto quello che avevano tra mani o che facevano, seguitano la voce di colui che domanda, prestando all'opera dell'obbedienza rapido il piede: sicché coloro cui preme il desiderio di salire a vita eterna, nella velocità del timore di Dio, quasi in un medesimo istante fanno veder compiuti il comando del maestro e l'esecuzione perfetta del discepolo. Perciò si attengono alla via stretta, come il Signore disse: Stretta è la via che conduce alla vita. — Ond'essi, non vivendo a loro talento, né chinandosi ai desiderii e alle voluttà, ma movendosi secondo il giudizio e l'ordine altrui, vivendo nei chiostri, bramano che un Abbate a loro presieda. Coloro senza dubbio si conformano a quella sentenza del Signore, che dice: Io non venni a fare la volontà mia, ma di Colui che mi mandò. — Ma questa stessa obbedienza allora sarà accetta a Dio e soave agli uomini, se il comando sia seguito senza trepidazione, senza tardità, senza svogliatezza o mormorazione, e senza rifiuti; perchè l'obbedienza che si usa ai superiori, rendesi a Dio. E lui infatti che dice: Chi voi ascolta, me ascolta. — E si conviene ai discepoli prestarla di buon animo; poiché Iddio ama il sincero donatore. Conciossiachè se il discepolo obbedisce di malo animo, e se mormori, non che con la bocca, solo col cuore; se bene adempia il comando, pure non sarà accetto a Dio, il quale scruta ben dentro il cuore di chi mormora. Né poi di tale fatto acquista alcuna grazia; anzi incorre nella pena dei mormoranti, se non si emendi e faccia penitenza.

6

DELLA TACITURNITÀ.

Facciamo come cantò il Profeta: Io dissi, guarderò le mie azioni, per non cadere in difetto con la lingua. Posi una guardia alla mia bocca; mi feci muto e mi umiliai, e mi tacqui anche sopra cose buone. — Qui il Profeta ci mostra, che se talvolta per amore della taciturnità, devesi anche cessare dai buoni discorsi, or tanto maggiormente, per isfuggire la pena del peccato, convien guardarsi dal cattivo parlare. Adunque, per serbare la gravità del silenzio, di rado si conceda ai perfetti discepoli licenza di parlare, ancora che di buone, sante ed edificanti cose; poiché sta scritto: Nel molto parlare non isfuggirai il peccato. — E altrove: La morte e la vita sono in potere della lingua. — Giacché conviene al maestro il parlare e l'insegnare, e al discepolo il tacere e l'ascoltare. Epperò se si ha da richiedere qualcosa al Superiore, si faccia con ogni umiltà e soggezione e riverenza. Gli scherzi poi e le parole oziose e ridevoli vogliamo in tutti luoghi perpetuamente vietate, né a simile parlare permettiamo che il discepolo schiuda mai il suo labbro.

7
DELL'UMILTÀ.

La Scrittura divina, o Fratelli, grida a nostro insegnamento, e dice: Chiunque que si esalta sarà umiliato, e chiunque si umilia sarà esaltato. — Nel dire dunque queste parole ci mostra che ogni esaltazione è una specie di superbia. Dalla qual cosa il Profeta c'indica doverci guardare, dicendo: O Signore, il mio cuore non si è esaltato, né i miei occhi si sono levati in alto. Né ho camminato in sublime, né la vanità di me stesso. — Ma che? — Se non ho sentito di me umilmente, ed ho anzi esaltata l'anima mia; mi son trovato poi come il fanciullo spoppato di fresco. — Laonde, o fratelli, se vogliamo toccare la cima dell'eccelsa umiltà, e velocemente giungere a quella celeste esaltazione, a cui si ascende per l'umiltà della presente vita; e a condurre in alto le nostre azioni, fa d'uopo innalzare quella scala, che apparve in sonno a Giacobbe, per la quale si mostravano a lui gli Angeli scendere e salire. Quel discendere e salire, senza dubbio non va da noi inteso in altro modo, se non che si discende coll'esaltarsi, si sale su coll'umiliarsi. La stessa scala poi innalzata, è la nostra vita al mondo, la quale per chi si umilia nel cuore il Signore gliela indirizza al cielo. I lati di questa scala però diciamo essere il corpo e l'anima nostra, e in quei lati la vocazione divina appoggiò diversi gradi di umiltà o di disciplina, che noi dobbiamo salire.

Il primo grado di umiltà pertanto è, che mettendosi sempre innanzi agli occhi il timore di Dio, si fugga del tutto l'ignavia. Il discepolo ognora si dee ricordare di tutto ciò che comanda Iddio, qualmente coloro che lo disprezzano, piombano per il peccato nell'inferno; e sempre rivolgere per la mente la vita eterna, che è preparata a coloro che lo temono. E guardandosi in ogn'istante dai peccati e dai vizii, sia pronto a soffocare i desiderii e i movimenti dei pensieri, della lingua, degli occhi, delle mani, dei piedi, del proprio volere, e molto più della carne. Consideri l'uomo ch'egli è sempre ad ogni ora dal Cielo riguardato da Dio, e le sue azioni sono conte alla Divinità dovechessia, e riferite dagli Angeli a Dio in ogni momento. Questo ci espone il Profeta, quando ci descrive Iddio sempre presente ai nostri pensieri, dicendo: Iddio che scruta le reni e i cuori. — Ed anche: il Signore conosce i pensieri degli uomini. — E similmente dice: Tu intendesti i miei pensiera da lungi; — e, Che il pensiero dell'uomo a te si svelerà da sé.— Onde l'umile fratello, per essere vigilante contro i suoi perversi pensieri, dica sempre in cuor suo: Io allora sarò immacolato dinanzi a Lui, quando mi sarò guardato dal mio peccato. —

Ci viene inoltre proibito di fare la propria volontà, mentre la Scrittura ci dice: rivoltati dal tuo volere. — E così pure: Preghiamo Iddio nell'orazione, onde sia fatta in noi la sua volontà. — Ora a buon diritto noi siamo ammaestrati a non fare la nostra volontà, per isfuggire quello che dice la S. Scrittura: Sonovi alcune strade che sembrano agli uomini rette, e il fine di esse s'immerge nel profondo dell'inferno. — E cosi dobbiamo guardarci anche da quello ch'è scritto dei negligenti: Sono divenuti corrotti ed abominevoli nei loro voleri. — Crediamo poi che Dio ha sempre presente qualsiasi nostro desiderio carnale, mentre il Profeta dice al Signore: Egli è dinanzi a te ogni mio desiderio. —

Bisogna dunque perciò scacciare ogni pravo desiderio, perchè la morte dell'anima viene appresso all'entrata del diletto. Onde la scrittura comanda dicendo: Non andare dietro le tue concupiscenze. — Se dunque gli occhi del signore osservano e buoni e cattivi, e il Signore dal cielo sempre guarda ai figli degli uomini, per vedere se sia tra loro chi conosca e cerchi Dio; e se le nostre azioni vengono di continuo notte e giorno annunziate al nostro Creatore dagli Angeli per noi deputati; conviene dunque guardarsi ognora, o Fratelli (come dice il Profeta nel Salmo), affinchè talvolta Iddio non ci vegga inchinati al male e fatti inutili; e perdonandoci in questo tempo (perchè egli è pietoso, ed attende che ci rivolgiamo al meglio), non ci dica nell'avvenire: Tu operasti così, ed io mi tacqui. —

Il secondo grado di umiltà è, se alcuno, non amando la propria volontà, non prende piacere di sodisfare ai suoi desiderii, ma si conforma nel fatto a quella voce del Signore che dice: Io non venni a fare la mia, ma la volontà di colui che mi mandò. — Similmente dice la Scrittura: La voluttà reca la pena, e la necessità partorisce la corona. —

Il terzo grado di umiltà è, che uno si sottometta con ogni obbedienza al Superiore per amore di Dio, imitando il Salvatore, di cui dice l'Apostolo: Fatto obbediente insino alla morte.—

Il quarto grado di umiltà, è che nello stesso obbedire in dure e contrarie cose, ovvero nel ricevere ingiurie qualsiano, nel silenzio e nella pace della coscienza si abbracci la pazienza; e forte stando in essa, non si lasci vincere da stanchezza o da fastidio; dicendo la Scrittura: Chi avrà perseverato sino alla fine, questi sarà salvo. — Come pure: Si conforti il tuo cuore, e aspetta quel che piace al Signore. — E volendo mostrare, che la persona fedele ha da sopportare ogni contrarietà per amor del Signore, dice anche in persona dei tribolati: Noi per te siamo tratti a morte ogni giorno, e siamo reputati come pecore da sgozzare. — Epperò, certi nella speranza della divina retribuzione, proseguono lieti a dire: Ma in tutto questo riusciamo vincitori in grazia di Lui, che ci ha amato tanto. — E similmente altrove sta scritto: Tu ci hai provati, o Dio; tu ci hai purgati col fuoco, come argento; ci hai tratti presso al laccio; hai poste le tribolazioni sopra le nostre spalle. — E per mostrare che noi dobbiamo stare sotto al Superiore, conchiude dicendo: Tu hai imposto uomini sulle nostre teste. — Ma coloro che nelle avversità e negli oltraggi adempiono il precetto divino della pazienza, e percossi in una guancia porgono anche l'altra, e a chi loro toglie la tunica lasciano anche il pallio, e angariati per un miglio vanno oltre anche due miglia; costoro, a simiglianza dell'Apostolo Paolo, sopportano i falsi fratelli e le persecuzioni, e benedicono quelli che li maledicono.

Il quinto grado di umiltà é, se tutti i cattivi pensieri che sorgono in cuore, o il male nascostamente commesso, per umile confessione si palesino al proprio Abbate. A ciò ne esorta la Scrittura, quando dice: Svela al Signore i tuoi procedimenti, e spera in lui. — E similmente dice: Aprite le anime vostre al Signore, perocché egli è buono, ed eterna è la sua misericordia. — Come anche il Profeta: Io ti feci aperto il mio delitto, né celai le mie ingiustizie: ho detto, io esporrò contro me i miei peccati al Signore; e tu mi rimettesti l'empietà del mio cuore. —

Il sesto grado di umiltà è, che il monaco sia contento di ogni cosa vile e di ogni penuria; e giudichi sé come inetto e indegno operajo in tutto quel che egli è comandato, dicendo col Profeta: Io mi sono ridotto al niente, e nol seppi: son fatto come giumento al tuo servigio, e sempre sono con te. —

Il settimo grado di umiltà è che non solo ci confessiamo con la bocca inferiori a tutti e i più dispregevoli, ma ancora il crediamo nell'intimo del cuore, umiliandoci e dicendo col Profeta: Io poi son verme e non uomo, obbrobrio degli uomini e feccia della plebe: io mi sono esaltato, e tu mi hai umiliato e confuso. — E similmente: Buon per me, che mi hai umiliato; affinchè io apprenda i tuoi comadamenti. —

L'ottavo grado di umiltà è, che il monaco nulla faccia, se non quello che consiglia la comune regola del Monastero e l'esempio dei maggiori.

Il nono grado di umiltà è, che il monaco vieti alla sua lingua il parlare; e serbando il silenzio, non parli se non interrogato, per non incorrere in quello che avverte la Scrittura: Che nel molto parlare non si sfugge il peccato; e che l'uomo chiacchierone cammina senza direzione sulla terra. —

Il decimo grado di umiltà è, che il monaco non sia facile e pronto al riso, poiché sta scritto: Lo stolto nel ridere leva in alto la sua voce. —

L'undecimo grado di umiltà è, che il monaco parli soave e severo, umile e grave, poco e con ragione, né sia giammai sfacciato nel tuono della voce; mentre è scritto: Il savio si distingue alle poche parole. — Il duodecimo grado di umiltà è, che il monaco non solo conservi l'umiltà nel cuore, ma anche la dimostri sempre nel suo portamento a tutti quelli che lo veggono; cioè nell'opera di Dio, nell'Oratorio, per il Monastero, nell'orto, nella via, nel campo, o dovechessia, sedendo o camminando, o stando in piedi; e abbia sempre il capo chino, gli occhi al suolo, stimandosi ognora reo dei proprii peccati, e in atto di presentarsi al tremendo giudizio di Dio; ripetendo sempre quello che il pubblicano dell'Evangelo diceva con lo sguardo volto alla terra: O Signore, non sono degno io peccatore di levare gli occhi miei al cielo. — Ed anche col Profeta: Io vo sempre curvo ed umile da pertutto. —

Pertanto, ascesi che abbia il monaco tutti questi gradi di umiltà, presto giungerà a quella carità di Dio, che quando è perfetta, manda via ogni timore: per mezzo della quale tutto ciò che prima ci faceva con qualche trepidazione, l'incomincerà a fare quasi naturalmente, per consuetudine, senza veruna fatica, non per tema dell'inferno, ma per amore di Cristo, e per la stessa soddisfazione della virtù: E questa buona sodisfazione è appunto ciò che il Signore per lo Spirito Santo si compiacerà di far provare al suo operajo mondo dai vizii e dai peccati.

8
DEGLI OFFICII DIVINI DI NOTTE.

Nella stagione invernale, cioè dal primo di novembre sino a Pasqua, per una ragionevole considerazione, si destino i monaci all'ora ottava della notte, sicché riposino appena un poco più di là della mezza notte, e si levino digeriti. Il tempo che resta dopo la veglia, si occupi nella meditazione e nel recitare qualche parte del salterio delle lezioni che fosse stata tralasciata. Da Pasqua poi sino al primo di novembre, l'ora della veglia sia regolata in guisa, che lasciato un brevissimo intervallo ai fratelli ond'escano per le necessità naturali, subito si attacchi il mattutino, che dee cantarsi al primo apparire della luce.

9
QUANTI SALMI SI ABBIANO A DIRE NELL'OFFICIO DI NOTTE.

Nella stagione invernale, premesso primieramente il verso: *Deus in* adjutorium meum intende, Domine ad adjuvandum me festina, *si dica tre volte: Domine labia mea aperies, et os meum* annuntiabit laudem tuam. *A cui si dee aggiungere il terzo salmo, e il *Gloria*. Dopo questo, si canti con antifona il salmo nonagesimo quarto. Appresso pongasi l'Inno; e poi si recitino sei salmi con le antifone. Finiti i quali, e detto il verso, l'Abbate dia la benedizione. E sedendo tutti sulle scranne, si leggano a turno dai fratelli nel codice sul leggio tre lezioni, cui s'intramezzino tre responsorii cantati. Dopo la terza lezione però, colui che canta dica il *Gloria*. E mentre il Cantore incomincia a dirlo, subito tutti si alzino dalle scranne, per onore e riverenza della santissima Trinità.

I Codici che si devono leggere in queste veglie, siano di autorità divina o del vecchio testamento o del nuovo, e così anche i loro commenti, fatti dai più rinomati Padri ortodossi e cattolici.

Dopo queste tre lezioni e suoi responsorii, sieguano altri sei salmi coll'*Alleluja* cantata. Quindi si dica a memoria la lezione dell'Apostolo, il verso, e la supplicazione della litania, cioè, *Kyrie eleison*; e cosi finiscano le Veglie della notte.

10
COME SI DEVE REGOLARE L'OFFICIO DI NOTTE IN TEMPO DI ESTATE.

Da Pasqua sino al primo di novembre, si mantenga tutto il numero dei salmi, come si è detto; non però, attesa la brevità delle notti, si leggano le lezioni nel codice: ma invece di esse tre lezioni, se ne dica a memoria una sola del vecchio testamento, cui si aggiunga il responsorio breve: e si faccia in tutto, come è stato detto, in guisa che nell'officio di notte mai non si dicano meno di dodici salmi, senza computare il terzo e il nonagesimo quarto.

11

COME SI DEE REGOLARE L'OFFICIO DELLA NOTTE NEI GIORNI DI DOMENICA.

Nel giorno di Domenica si sorga alle veglie più presto, e si tenga la stessa forma; cioè, recitati (come sopra abbiamo stabilito) sei salmi e il verso, sedendo tutti man mano e per ordine nelle scranne, si leggano nel codice (come già dicemmo) quattro lezioni coi loro responsorii, e solo al quarto responsorio si dica dal cantore il *Gloria*. Il quale appena cominciato, subito tutti si levino con riverenza. Dopo le dette lezioni, sieguano ordinatamente altri sei salmi con le antifone, come i primi, e il verso. Quindi si leggano altre quattro lezioni coi loro responsorii nello stesso ordine. Poi di nuovo si dicano tre cantici dei Profeti, che saranno stabiliti dall'Abbate; i quali cantici si recitino coll'*Alleluja*. Detto anche il verso, e data la benedizione dall'Abbate, si leggano altre quattro lezioni del nuovo testamento, come sopra. Dopo il quarto responsorio, l'Abbate incominci l'Inno, *Te Deum laudamus*. Finito il quale, dica l'Abbate la lezione dell'Evangelo, stando tutti ritti con riverenza e tremore. Ed essa compiuta, tutti rispondano *Amen*. Subito l'Abbate prosiegua a dire l'inno: *Te Decet laus*. — E data la benedizione, s'incominci l'officio del mattino.

Quest'ordine delle Veglie sempre si mantenga lo stesso nei giorni di Domenica, tanto di estate che d'inverno; se non forse (che mai non sia!) si destino i fratelli troppo tardi, e convenga allora abbreviare qualche cosa delle lezioni o dei responsorii. Ma però si badi che questo mai non accada. Che se pure accadesse, colui per cui negligenza accadde, ne renda a Dio degna sodisfazione nell'Oratorio.

12
COME SI DEBBA REGOLARE IL MATTUTINO SOLENNE.

Nell'officio mattutino della Domenica, prima si dica il salmo sessagesimo sesto distesamente, senza antifona. Poi si dica il cinquatesimo coll'*Alleluja*; e indi dicasi il centesimo decimo settimo e il sessagesimo secondo. Vengon poi le benedizioni e le laudi, una lezione dell'Apocalisse a memoria, il responsorio, l'inno, il verso, il cantico del Vangelo, le litanie; e si finisce.

13

COME SI DEBBA REGOLARE IL MATTUTINO NEI GIORNI FERIALI.

Nei giorni feriali l'officio mattutino si regoli così, che si dica il salmo sessagesimo sesto senza antifona, allungandolo un poco (come anche la Domenica), affinchè tutti si trovino al cinquantesimo, che si dirà coll'antifona. Dopo di che si dicano altri due salmi secondo il fissato; cioè, nella feria seconda, il quinto e trentesimo quinto; nella terza feria, il quarantesimo secondo e il cinquantesimo sesto; nella quarta feria, il sessantesimo terzo e sessantesimo quarto: nella quinta feria, l'ottantesimo settimo e l'ottantesimo nono: nella sesta feria, il settantesimo quinto e il nonagesimo primo: nel sabbato poi il centesimo quarantesimo secondo, e il cantico del Deuteronomio, che si dividerà in due *Gloria*. Ma negli altri giorni si dica il cantico dei Profeti, appropriato a quel giorno, come usa la Chiesa Romana. Dopo di ciò si dicano le laudi, e poi una lezione dell'Apostolo, a memoria, il responsorio, l'inno, il verso, il cantico del Vangelo, la litanie: e si finisce. L'officio del mattino e della sera non termini giammai, senza che si dica in ultimo dal Superiore, ascoltando tutti, l'orazione domenicale, a cagione delle spine degli scandali che sogliono nascere; onde tutti i presenti, per la promessa di quell'orazione, con cui dicono, *Rimetti a noi i nostri debiti* come anche noi li rimettiamo ai nostri debitori, *si purifichino da cosifatto* vizio. Ma l'ultima parte di questa orazione si reciti da tutti sicché ognuno risponda; *Sed libera nos a malo.*

14

COME SI DEBBA REGOLARE L'OFFICIO DI NOTTE NELLE FESTE DEI SANTI.

Nelle festività dei Santi e nell'altre solennità, si regolerà l'officio, com'è stato detto per la Domenica: tranne che si diranno i salmi, le antifone e le lezioni appropriate al giorno; ma sempre con l'ordine detto di sopra.

15

IN QUALI TEMPI SI DEBBA DIRE L'ALLELUJA.

Dalla santa Pasqua sino alla Pentecoste, dicasi sempre l'*Alleluja*, tanto nei salmi quanto nei responsorii. Dalla Pentecoste poi sino al principio di Quaresima, dicasi solo ogni notte con i sei salmi del secondo notturno. Ogni Domenica poi fuor di Quaresima, il Mattutino, Prima, Terza, Sesta, e Nona si dicano coll'*Alleluja*. I Vespri però si dicano coll'antifona. I Responsorii poi non si dicano mai coll'*Alleluja*, se non da Pasqua a Pentecoste.

16
COME SI ABBIANO A REGOLARE GLI OFFICII DIVINI NEL GIORNO.

Secondo che dice il Profeta: Sette volte al dì io ho detto le tue Lodi; così noi adempiremo questo sacro numero settenario, se renderemo a Dio il debito della nostra servitù al tempo del Mattutino, di Prima, Terza, Sesta, Nona, Vespero e Compieta: perocché di queste ore diurne dice il Profeta: Sette volte al di io ho detto le tue lodi. — Ed anche della veglia notturna il Profeta dice il medesimo: Io mi levava a mezza notte per celebrarti. — Adunque rendiamo lode al nostro Creatore per i suoi giustissimi giudizii in questi tempi diversi; cioè, al Mattino, a Prima, a Terza, a Sesta, a Nona, a Vespro e a Compieta; e di notte alziamoci a magnificarlo.

17

QUANTI SALMI SI DEBBANO DIRE IN DETTE ORE.

G ià abbiamo esposto l'ordine della salmodia dell'officio della notte e del mattino: ora diciamo delle altre ore.

A prima si dicano tre salmi distinti, e non sotto lo istesso *Gloria*. L'inno di essa ora si dica dopo il verso *Deus in adjutorium meum intende, avanti* che s'incomincino i salmi. Finiti poi questi tre salmi, si reciti una sola lezione, il verso, il *Kyrie eleison*, e si finisce.

A Terza poi, Sesta, e Nona si mantenga lo stesso ordine; vale a dire il verso, l'inno di ciascheduna ora, tre salmi, la lezione, il verso, il *Kyrie* eleison*, e si finisce*.

Se la comunità fosse numerosa, si dicono i salmi colle antifone; se piccola, si recitino di sèguito.

L'officio del Vespro poi si compia in quattro salmi colle antifone; dopo i quali si reciti la lezione, indì il responsorio, l'inno, il verso, il Cantico del Vangelo, la litania e l'orazione domenicale, e si finisce.

La Compieta finalmente si termini colla recita di tre salmi. I quali salmi si dicano di seguito e senza antifona. Poi vien l'Inno di quell'ora, la lezione unica, il verso, il *Kyrie eleison*, la benedizione, e si finisca.

18

CON QUAL ORDINE SI DEBBANO DIRE I DETTI SALMI.

In principio si dica il verso: *Deus* in adjutorium meum intende, *il* Gloria, e appresso l'Inno di ciascheduna ora. Poi a Prima della Domenica si dicano quattro parti del salmo centesimo decimo ottavo. Nelle altre ore, cioè a Terza, Sesta, e Nona, si dicano tre altre parti dello stesso salmo centesimo decimo ottavo. A Prima della Feria seconda dicansi tre salmi, cioè, il primo, il secondo e il sesto; e così ogni giorno, sino alla Domenica, dicansi a Prima per ordine tre salmi, sino al decimonono; in modo però che il nono e il decimosettimo si dividano in due *Gloria*; e questo è per incominciare sempre l'officio di notte nella Domenica dal vigesimo salmo. A Terza poi, Sesta e Nona della Feria seconda, si dicano le rimanenti nove parli del salmo centesimo decimo ottavo, tre per ciascun'ora.

Espletato dunque il salmo centesimo decimo ottavo in due giorni, cioè nella Domenica e nella Feria seconda; nella Feria terza si recitino a tre a tre i nove salmi dal centesimo decimo nono al centesimo vigesimo settimo. I quali salmi si ripetano sempre ogni giorno sino alla Domenica nelle medesime ore, mantenendo ogni di una disposizione uniforme circa gl'inni, le lezioni, e i versi; in modo che la Domenica si ricomìnci sempre dal centesimo decimo ottavo.

Il Vespro poi si canti ogni giorno con la recitazione di quattro salmi. I quali s'incomincino dal centesimo nono, sino al centesimo quarantasettesimo; eccetto i salmi che sono presi per recitarsi nelle altre ore; cioè dal centesimo decimo settimo sino al centesimo vigesimo settimo, eccetto anche il centesimo trigesimo terzo, e il centesimo quarantesimo secondo. Tutti gli altri si dicano a Vespro. E siccome mancano tre salmi, perciò si dividano i più lunghi tra essi; cioè il centesimo trigesimo ottavo, il centesimo quadragesimo terzo, e il centesimo quadragesimo quarto. Ma il centesimo decimo sesto, perchè è breve, si unisca col centesimo decimo quinto. Esposto pertanto l'ordine dei salmi del vespro, nel resto, cioè lezioni, responsorii, inni o cantici, si faccia tutto come di sopra è detto. A Compieta finalmente si ripetano ogni giorno gli stessi salmi, cioè il quarto, il nonagesimo, e centotrentesimo terzo.

Spiegato l'ordine della salmodia diurna, tutti i rimanenti salmi si distribuiscano egualmente per la veglia di sette notti, dividendo al solito quelli che fossero troppo lunghi: e così si assegnino dodici salmi per notte. Intorno a ciò particolarmente si avverta, che se questa distribuzione di salmi non tornasse bene, si stabilisca altrimenti, se meglio sarà giudicato; purché in ogni modo si abbia riguardo a ciò, che in ogni settimana si reciti il Salterio di cento cinquanta salmi, e nell'officio di notte della Domenica si rincominci da capo. Perciocché troppo pigri si dimostrano al divino servizio quei monaci, che nel corso della settimana recitano meno di tutto il Salterio, oltre i soliti cantici; quando leggiamo che i Santi Padri compievano in un giorno francamente quello che noi tiepidi (lo faccia il cielo) adempiamo in una intiera settimana.

19

DELLA DISCIPLINA DEL SALMEGGIARE.

Noi crediamo che Iddio è presente dapertutto, e che gli occhi del Signore ricercano in ogni luogo i buoni e i cattivi. Però senza verun dubbio si ha da credere che ciò sia massimamente, quando assistiamo all'officio divino. Perciò rammentiamoci sempre di quel del Profeta: Servite al Signore con timore. — E altrove: Salmeggiate sapientemente. — Ed anche; Io salmeggerò al cospetto degli Angeli. — Consideriamo pertanto, come ci convenga di stare alla presenza di Dio e dei suoi Angeli; e salmeggiamo in modo, che la nostra mente si accordi alla nostra voce.

20
DELLA RIVERENZA NELL'ORAZIONE.

Se nel manifestare qualche cosa agli uomini potenti, non l'osiamo se non con umiltà e riverenza: quanto più nel supplicare il Signore Iddio dell'universo, bisognerà usare umiltà e purezza di devozione? e sappiamo bene, che non pel molto parlare, ma per la purità del cuore e la compunzione del pianto noi siamo esauditi. Perciò l'orazione dev'essere pura e breve, se forse per effetto di divina ispirazione non si prolunghi. Ma l'orazione che si fa in comune, sia breve in ogni caso, e dato il segno dal superiore, tutti insieme si levino.

21

DEI DECANI DEL MONASTERO.

Se la comunità è grande, si scelgano di essa alcuni fratelli di buon esempio e santa vita, e si costituiscano Decani, per aver cura delle rispettive decanìe in tutto, secondo i comandamenti di Dio e gli ordini dell'Abbate. Essi Decani siano scelti tali, che sopra di loro possa sicuro l'Abbate appoggiare parte del suo peso. Né si devono scegliere per ordine, ma secondo il merito della buona vita e la cognizione della vera sapienza.

Che se alcuno tra essi, per avventura gonfiato dalla superbia, sia trovato riprensibile; e ripreso una, due e tre volte non si emendi, sia dimesso; e nel posto di lui sia surrogato chi ne è degno. E il medesimo stabiliamo del Priore.

22
COME DEBBANO DORMIRE I MONACI.

Ciascheduno dorma nel suo letto. Dispongano i Monaci i loro giacigli secondo il tempo della conversione, come l'Abbate vuole. Se si può, tutti dormano in uno stesso luogo. Che se il troppo numero nol consente, riposino a dieci o venti coi loro Decani, che veglino sopra di essi. Nello stesso dormitorio arda il lume sempre sino al mattino.

Dormano vestiti, e cinti ai lombi con cingoli o corde; e non abbiano, mentre dormono, le coltelle a fianco, onde per caso non si feriscano nel sonno. Così essi saranno sempre pronti; e fatto il segno, levandosi senza indugio, si affrettino a gara di arrivar primi all'opera di Dio, ma con ogni gravità e modestia. I fratelli più giovani non abbiano i letti vicini l'uno all'altro, ma tra quelli de' più vecchi. Nel levarsi poi per andare all'opera di Dio, si eccitino vicendevolmente, ma con garbo, per non dare una scusa ai sonnolenti.

23
DELLA SCOMMUNICA PER LE COLPE.

Se qualche fratello sarà trovato protervo, o disobbediente, o superbo, o mormoratore, o contrario in alcuna cosa alla santa Regola, e dispregiatore de' comandamenti dei più vecchi; costui, secondo il precetto del nostro Signore, sia ammonito una e due volte privatamente dai suoi Decani. Se non si emenderà, sia sgridato pubblicamente alla presenza di tutti. Che se neanche così si correggerà, sia sottoposto alla scommunica, se comprende la gravità della pena. Se poi è incorregibile, sia punito con pene corporali.

24

QUALE SIA LA PENA DELLA SCOMMUNICA.

L a pena della scommunica o della correzione deve commisurarsi alla gravezza della colpa; e il giudizio di ciò dipende dall'arbitrio dell'Abbate. Che se alcun fratello è trovato reo di colpe leggiere, non sia ammesso alla mensa comune. Or a colui che è privato della mensa comune, sia questa legge, che non intoni salmo o antifona nell'oratorio, né reciti lezione, sino a che non abbia sodisfatto. Egli da solo prenda ristoro di cibo dopo la refezione dei fratelli: cosicché se, per esempio, i fratelli si ristorano all'ora sesta, esso il faccia a nona; e se i fratelli a nona, egli a vespro; fintantoché con una condegna sodisfazione non ottenga il perdono.

25
DELLE COLPE PIÙ GRAVI.

Quel fratello poi, che si è fatto reo di più grave colpa, sia sospeso e dalla mensa e dall'oratorio: niuno dei fratelli gli si avvicini o entri in discorso con lui. Stia in tutto solo al lavoro commessogli, perseverando in lutto di penitenza; memore di quel terribile detto dell'Apostolo: Uomo di tal fatta è come consegnato a Satanasso per la mortificazione della carne, onde lo spirito sia salvo nel dì del Signore.— Solo anche prenda ristoro di cibo, in quella quantità e in quell'ora, che l'Abbate giudicherà competente. Né coloro che lo incontrano, lo benedicano; né il cibo che gli vien dato sia benedetto.

26

DI COLORO CHE SENZA IL COMANDAMENTO DELL'ABBATE SI UNISCONO AGLI SCOMMUNICATI.

Se qualche fratello presumerà, senza il comandamento dell'Abbate, di unirsi in qualsiasi modo a un confratello scommunicato, o parli con lui, gli dia una commissione, cada lui nella stessa pena di scommunica.

27

COME DEBBA ESSERE SOLLECITO L'ABBATE CIRCA GLI SCOMMUNICATI.

Con ogni sollecitudine prenda cura l'Abbate dei fratelli delinquenti; perchè del medico non ha bisogno chi è sano, ma chi è infermo. E perciò egli deve usar sempre come un bravo medico: spedire a lui, come secreti consolatori, i più saggi e vecchi fratelli, che quasi di soppiatto consolino il fratello vacillante, e lo conducano all'umiltà della sodisfazione. E lo confortino; affinchè non rimanga oppresso dal soverchio della tristezza. Ma, come dice l'Apostolo, sia accresciuta verso di lui la carità, e si preghi da tutti per lui; perocché sommamente deve prendersi pensiero l'Abbate, e con ogni sagacità ed industria, delle pecorelle a lui commesse, guardando che niuna se ne perda; dacché sa ben egli di aver tolto a curare le anime inferme, e non a tiranneggiare le sane. E tema la minaccia del profeta, per bocca del quale dice Dio: Voi vi prendevate tutto ciò ch'era pingue, e gittavate tutto ciò ch'era meschino. — Imiti l'esempio santo del buon pastore; il quale, abbandonate le novantanove pecorelle sui monti, se ne andò in traccia di quella sola ch'era smarrita: della cui miseria ebbe tanta compassione, che si degnò mettersela sopra le sacre sue spalle, e così riportarla all'ovile.

28

DI COLORO CHE PIÙ VOLTE CORRETTI, NON SI SARANNO EMENDATI.

Se qualche fratello, spesse volte corretto per qualsivoglia delitto, ed anche scommunicato, non si sarà emendato, gli si applichi più aspra correzione; cioè si proceda contro di lui alla pena delle battiture. Che se neanche per tal modo si sarà convertito, ed anzi (che mai non avvenga!) levatosi in superbia voglia anche difendere anche le sue azioni; allora l'Abbate operi da sapiente medico. Se porse lenitivi, unguenti di esortazioni, medicamenti di scritture divine, e in ultimo il fuoco della scommunica o le ferite delle battiture, e già a niente vide tornare la sua industre carità; adoperi per lui anche, ciò ch'è maggior di ogni cosa, l'orazione sua e di tutti i Monaci; affinché il Signore, che è onnipotente, ridoni la salute all'infermo fratello. Che se neppure per questo mezzo si sarà risanato, allora finalmente l'Abbate usi il ferro del taglio, come dice l'Apostolo: Recidete da voi il maligno. — e Altrove: Se l'infedele va via, se ne vada; affinchè una pecora appestata non contamini tutta la greggia.

29
SE DEBBANO DI NUOVO RICEVERSI I FRATELLI USCITI DI MONASTERO.

Un fratello che per suoi vizii esce o è cacciato di monastero, se vorrà tornare, prometta in pria la piena emenda da quei vizio, per cagion del quale si partì; e così sia ricevuto nell'ultimo luogo, per provare con ciò l'umiltà di lui. Che se uscirà per la seconda volta, sino alla terza sia ricevuto. Ma sappia poi che gli sarà negata ogni via di ritorno.

30
DEL MODO COME SI HANNO A CORREGGERE I FANCIULLI.

Ad ogni età ed intellingenza deve corrispondere una propria maniera di correzione. Perciò quante volte i fanciulli o gli adolescenti, che non comprendono la grave pena della scommunica, cadono in mancamento, per risanarli, siano puniti o con lunghi digiuni, o raffrenati con aspre battiture.

31
DEL CELLERARIO DEL MONASTERO, QUALE DEBBA ESSERE.

Il Cellerario del monastero si scelga dalla comunità, savio, maturo di costumi, sobrio, non molto vorace, non prosontuoso, non turbolento, non ingiuriatore, non tardo, non prodigo; ma timorato di Dio; il quale sia siccome un padre a tutta la comunità. Egli si prenda pensiero di tutto: senza il comando dell'Abbate non faccia mai nulla: mantenga quanto gli viene ordinato; e non contristi i fratelli.

Se qualche fratello chiede a lui alcuna cosa irragionevolmente, non però lo rampogni con disdegno; ma nieghi la cosa ragionatamente e con umiltà a chi male la chiede. Custodisca il Cellerario l'anima sua, memore sempre di quei precetto Apostolico: Che il buono amministratore si procaccia un gran merito. — Abbia cura con ogni sollecitudine degl'infermi, dei fanciulli, degli ospiti, dei poveri, sapendo che nel giorno del giudizio renderà conto di tutti costoro. Riguardi tutti ì vasi e le sostanze del monastero, come se fossero i vasi sacri dell'altare. Niuna cosa permetta che vada a male; non proceda da avaro, e non sia prodigo o dilapidatore della sostanza del monastero; ma tutto faccia misuratamente e sotto gli ordini dell'Abbate.

Innanzi tutto abbia grande umiltà, e risponda dolcemente a colui al quale non ha che dare; perocché sta scritto: Il parlare soave vale più di qualsivoglia dono. — Tutte le cose che gli avrà commesse l'Abbate, egli le abbia in governo; e checché gli sarà proibito, non ardisca di farlo. Somministri ai fratelli il cibo stabilito, senza parzialità e senza mala grazia, per non dare occasione di peccato; ricordevole della parola di Dio, che terribilmente minaccia a chi avrà scandalizzato uno di questi meschini: Meglio sarebbe se gli fosse sospesa al collo una macina da mulino, e fosse sprofondato in mare! —

Se la comunità fosse grande, se gli diano degli ajuti; dai quali sostenuto, egli equamente adempia l'officio commessogli. Alle ore fissate diasi ciò che è da dare, e chiedasi ciò ch'è da chiedere; onde niuno sia turbato o rattristato nella casa di Dio.

32

DEI FERRI E DELLE ROBE DEL MONASTERO.

L'Abbate provveda che alcuni fratelli, della cui vita e dei costumi sia sicuro, prendano a custodire e raccogliere, com'egli giudicherà utile, tutti i mobili del monastero; cioè ferri, robe altre cose che siano. Delle quali tutte, l'Abbate tenga un registro; affinché nel succedersi dei fratelli a vicenda in siffatta custodia, sappia ciò che dà, e ciò che riceve. Che se mai alcuno tratterà le robe del Monastero sconciamente o negligentemente, sia sottoposto alle pene regolari.

33

SE DEBBANO I MONACI AVERE COSA ALCUNA DI PROPRIO.

Sopra di ogni altro questo vizio sia estirpato sin dalle radici nel monastero; che niuno cioè ardisca nè dare nè ricevere nulla senza il comando dell'Abbate, nè avere cosa alcuna di proprio, niente affatto; nè codice, nè tavolette, nè stilo, nulla in somma; come è giusto che non abbia siffatte cose chi non ha più balìa nè della propria volontà nè del proprio corpo. Tutto quello però ch'è loro necessario, debbono sperarlo dal Padre del monastero, senza mai ritenere nulla di ciò che l'Abbate non abbia dato o permesso. E tutte le cose siano comuni a tutti, come sta scritto; e niuno dica o mai si creda che una cosa sia sua. Che se qualcuno fosse scoperto inchinare a questo pessimo vizio, venga ammonito una e due volte; e se non si sarà emendato, sia sottoposto alla correzione.

34
CHE TUTTI DEBBANO AVERE EGUALMENTE LE COSE NECESSARIE.

Sta scritto: Si distribuiva a ciascuno secondo il bisogno. Qui però non diciamo che si facciano particolarità a persone (che Dio non voglia), ma che s'abbia riguardo alla debolezza. Laonde chi di meno abbisogna, renda a Dio grazia, e non si contristi. Chi poi di più abbisogna, si umilii della sua debolezza, e non insuperbisca per la compassione che gli si usa: così tutte le membra saranno contente.

Innazi a tutto, niuno dimostri per qualsivoglia causa, nè in parole nè in atti, il menomo che della maledetta mormorazione. Che se taluno sarà trovato reo di sì gran male, sia sottoposto alle pene più rigorose.

35

DEI SETTIMANARII DI CUCINA.

I fratelli si hanno da prestar servizio l'un l'altro, in modo che niuno sia scusato dai servizii della cucina, se non per malattia, o per essere occupati in cosa di più rilevante utilità: poichè da ciò si ottiene maggior profitto ed esercizio di carità. Ai deboli però, affinchè la fatica soverchia non li rattristi, si procaccino compagni, secondo il numero della comunità, e secondo la postura dei luogo. Se la comunità è grande, il Cellerario sia dispensato dal servizio di cucina; e così anche coloro che fossero occupati (come già dicemmo) in cose di più rilevante utilità. Tutti gli altri si rendano servizio a vicenda, per amore della carità.

Colui ch'esce di settimana, il sabbato rimondi tutto. Lavi i panni coi quali i fratelli si asciugano mani e piedi. E tanto lui che esce, quanto chi entra di settimana, lavino i piedi a tutti. Riconsegnino al Cellerario i vasi del loro ufficio sani e mondi. E il Cellerario similmente li consegni a colui che entra, per conoscere quel che dà, e quel che riceve.

I Settimanarii poi, un'ora prima della refezione, prendano un po' di vino e di pane, oltre lo stabilito; affinchè all'ora della refezione possano servire ai loro fratelli senza mormorazione o grave fatica. Nei giorni solenni però aspettino sino alle fine della Messa. Gli Eddomadarii che entrano ovvero escono di settimana, la Domenica, dopo l'Ufficio del mattino, s'inginocchino dinanzi a tutti, nell'Oratorio, chiedendo che si preghi per loro. Quelli che escono di settimana dicano questo verso: *Benedictius es, Domine Deus, qui adjuvisti me, et consolatus es me*. — E detto che l'abbiano tre volte, ricevano la benedizione. Venga appresso colui che entra, o dica: *Deus in adjutorium meum intende; Domine, ad adjuvandum me festina*. — E il medesimo tre volte si ripeta da tutti: e poi, ricevuta la benedizione, entri in ufficio.

36

DEI FRATELLI INFERMI.

Si dee aver cura degl infermi prima e sopra di ogni altra cosa, servendo ad essi, come se davvero si servisse a Cristo. Perciocchè Egli disse: Fui infermo, e mi visitaste. — Ciò che faceste ad uno di questi piccoli, a me lo avete fatto. —

Ma gli stessi infermi considerino ancora, che si serve a loro per riguardo di Dio; e non rattristino con le loro indiscretezze i fratelli che li servono. I quali nondimeno si debbono comportare con pazienza, perché in tali casi si acquista più larga mercede. Adunque l'Abbate abbia grandissima cura, onde gl'infermi non patiscono per qualche negligenza.

Ai fratelli infermi sia deputata una camera da ciò, e un servo timorato di Dio, diligente e pronto. L'uso dei bagni sia conceduto agl'infermi, ogni volta che convenga: ma ai sani, massimamente ai giovani, assai di rado si conceda. Il mangiar carne però in ogni modo si permetta agl'infermi e ai molto indeboliti, affinchè ripiglino le forze. Appena poi si saranno ristabiliti, tutti, secondo il consueto, si astengano dalle carni.

Eserciti infine l'Abbate somma vigilanza, affinché gl'infermi non siano negletti dai Cellerarii e dai servi: giacché a lui si ascrive ogni mancamento dei discepoli.

37
DEI VECCHI E DEI FANCIULLI.

Sebbene la stessa umana natura è da sè compassionevole verso queste età, dei vecchi, cioè, e dei fanciulli; pure anche l'autorità della Regola è utile che vi provveda.

Abbiasi sempre mente alla loro debolezza, e per nessun modo si applichi ad essi la strettezza della Regola circa il cibo; ma si usi loro un riguardo di compassione, e non si stia alle ore stabilite.

38
DELL'EDDOMADARIO LETTORE.

Alle mense dei fratelli, quando mangiamo, non mai dee mancare la lettura; né uno, chiunque sia, prendasi così un codice, e ardisca di mettersi a leggere: ma bensì colui che dovrà leggere tutta la settimana, entri al suo ufficio la Domenica. E nell'entrare, dopo la Messa e la Comunione, chieda che tutti preghino per sè, affinchè Iddio tenga lungi da lui lo spirito di vanagloria. E dicasi nell'Oratorio da tutti tre volte, intonando lui, questo verso: *Domine, labia mea aperies; et os meum annuntiabit laudem tuam;* e così ricevuta la benedizione, entri in settimana per leggere.

Si faccia a mensa un profondo silenzio, sicchè non si ascolti nè bisbiglio nè voce di alcuno, se non di colui che legge. I fratelli però si passino l'un l'altro a vicenda tutto ciò che è necessario per mangiare e per bere, onde niuno abbia bisogno di dimandare cosa veruna. Se nondimeno vi sia necessità di chiedere qualche cosa, si faccia piuttosto con qualche segno convenuto, che con la voce. Nè ivi niuno ardisca ripetere alcun che della lettura, o dire altro, affinché si eviti l'occasione; eccetto che il Superiore non volesse dire qualcosa brevemente a edificazione.

Il fratello lettore ebdomadario però prenda, innanzi di leggere, un po' di vino annacquato, a cagion del digiuno fatto per la santa Comunione, affinchè non gli sia grave protrarlo. Mangi poi con i settimanarii di cucina e coi servi. Ma i fratelli non leggano secondo l'ordine di professione; leggano bensì o cantino quelli che son atti a edificare chi ascolta.

39
DELLA MISURA DEL CIBO.

Crediamo che due vivande cotte bastino alla refezione quotidiana in ogni dì, sì di Sesta come di Nona, e ciò per la diversità dei temperamenti: onde se per avventura alcuno non potesse mangiare dell'una, si ristori coll'altra. Adunque due vivande cotte bastino a tutti i fratelli. E se si potessero avere pomi o legumi, se ne aggiunga una terza. Una libbra pesata di pane basti ogni giorno a ciascuno, o che vi sia una sola refezione, o che due, cioè del pranzo e della cena. Quando si abbia a cenare, il Cellerario ritenga una terza parte di essa libbra di pane, per darla all'ora di cena.

Che se per caso si fosse fatta più grande fatica del consueto, sarà in arbitrio e potestá dell'Abbate aggiungere qualche cosa, se sia espediente, purchè sempre si scansi lo stravizio, e non mai il monaco sia preso da indigestione. Perciocchè non vi è cosa più contraria a ogni buon cristiano, che lo stravizio, siccome dice il nostro Signore: Guardate che non si aggravino i vostri sentimenti per lo stravizio.

Ai fanciulli poi di minore età non diasi la stessa quantità, ma più piccola che agli adulti, conservando sempre la parsimonia. Dalle carni dei quadrupedi però tutti assolutamente si astengano, salvo solamente i deboli e gl'infermi.

40

DELLA MISURA DEL BERE.

Ognun ha un particolare dono di Dio, chi in un modo, chi in un altro. E perciò noi stabiliamo così minuziosamente la misura del vitto a ciascuno. Nulladimeno, riguardando la debolezza dei temperamenti, crediamo che una misura di vino al giorno basti a tutti. Quelli però cui Iddio dona la virtù dell'astenersi, sappiano che ne raccoglieranno particolar mercede. Che se la condizione del luogo o la fatica o il calore estivo richiedesse una quantità maggiore, resti in facoltà del Superiore; avuto sempre riguardo che non si vada sino alla sazietà o all'ebbrezza; giacché leggiamo, ai monaci non convenire il vino.

Ma poichè ai tempi nostri non si può fare osservare siffatta cosa; almeno accordiamoci in questo, di non bere mai sino alla sazietà, ma assai parcamente: poichè il vino fa apostatare anche i sapienti.

Dove poi la natura del luogo fa sì, che non si possa avere

nemmeno la sopradetta misura, ma molto meno, ovvero niente affatto; coloro che si trovassero in tai luoghi, benedicano Iddio, e non escano in mormorazioni. E questo, prima di ogni altra cosa, raccomandiamo, che i fratelli vivano senza mai mormorare.

41

A QUALI ORE DEBBANO REFOCILLARSI I FRATELLI.

Dalla Santa Pasqua sino alla Pentecoste, i fratelli si ristorino all'ora sesta, e cenino alla nona. Dalla Pentecoste poi per tutta l'estate, se il lavoro dei campi o l'eccessivo calore non disturba i monaci, digiunino la quarta e sesta feria sino all'ora nona; negli altri giorni si desini all'ora sesta. E si mantenga sempre quest'ora sesta pel desinare, se avranno i monaci a faticare pei campi, o il calore estivo sia soverchio: e sia lasciato alla prudenza dell'Abbate. Egli tutto moderi e disponga in modo che le anime dei fratelli battano la via della salute, e ciò che fanno, lo facciano senza lamento. Dagl'idi di Settembre poi sino al principio di Quaresima, sempre si refocillino all'ora nona. Durante la Quaresima sino a Pasqua, si refocillino all'ora di Vespro. L'officio del Vespro però si dica a tale ora, che i monaci nel ristorarsi non abbiano bisogno di lucerne accese; ma tutto si compia con la luce del dì. Similmente in ogni tempo l'ora del desinare e della cena si moderi così, che il tutto si faccia con la luce del giorno.

42

CHE DOPO COMPIETA NIUNO DEVE PARLARE.

In ogni tempo i monaci devono guardare il silenzio, ma molto più nelle ore di notte. E perciò in ogni tempo, sia di digiuno, sia di doppio pasto, se avranno pranzato nella mattina, la sera, subito che si saranno alzati da cena, siedano tutti in uno stesso luogo, e uno legga le Collazioni o vite dei Padri, o altro libro ch'edifichi gli ascoltanti: non però i sette libri storici o quelli dei Re. Perchè in quell'ora non sarebbe utile alle menti deboli udire quella Scrittura; in altre ore però si leggano. Se poi fosse giorno di digiuno, detto il Vespro, dopo breve intervallo, vadano alla lezione delle Collazioni, come s'è detto; e legganuni quattro o cinque fogli, sin quanto basta che vengan tutti, intanto che dura la lezione; e ciò per il caso che fosse alcuno occupato nel lavoro commessogli. E così, ragunati tutti, dicano l'officio di Compieta. Uscendo poi da compieta, a niuno più sia lecito parlare con chicchessia. Che se si troverà alcuno prevaricare contro questa regola di silenzio, sia sottoposto a gravi pene: salvo che sopravvenissero ospiti, o l'Abbate comandasse qualche cosa ad alcuno. Però anche in questo caso, tutto si faccia onestissimamente, con somma gravità e moderazione.

43

DI COLORO CHE GIUNGONO TARDI ALL'OFFICIO DIVINO O ALLA MENSA.

All'ora del divino Officio, appena udito il segno, si corra con grande sollecitudine, lasciando tutte le cose che si avessero tra le mani; ma con gravità, onde non si dia eccitamento alla ilarità. Nulla dunque mai si anteponga all'opera di Dio. Che se alcuno arriverà all'officio della notte dopo che si è detto il *Gloria* del salmo nonagesimo quarto (che a questo oggetto vogliamo si reciti con pausa e lentamente), non pigli il suo posto in Coro, ma resti l'ultimo di tutti, o in quel luogo che l'Abbate avrà destinato a simili negligenti separatamente; affinchè sia da lui e da tutti veduto; e ciò, sino a che, compito l'officio divino, con questa pubblica soddisfazione mostri di pentirsi. Perciò infatti abbiamo deliberato che tali negligenti debbano stare nell'ultimo luogo o separati, onde così visti da tutti, come per loro stessa vergogna si emendino. Perocché se rimanessero fuori dell'Oratorio, forse che taluno si ricoricherebbe per dormire, ovvero più facilmente, seduto di fuori, attenderebbe a ciance, dando così occasione al tentatore. Stia dunque dentro, perchè non perda tutto, e si emendi per l'avvenire.

Nelle ore diurne poi, chi giunge all'officio divino dopo il verso e il *Gloria* del primo salmo, il quale salmo s'intona dopo il verso, stia nell'ultimo luogo, per quella legge che s'è detta; nò ardisca di accompagnarsi a quelli che salmeggiano in Coro, sino a che non abbia dato soddisfazione; se forse l'Abbate non dia licenza col suo perdono; intendendo però che pel reo questa sia la soddisfazione.

All'ora della refezione anche, chi non arriva prima del verso, in modo che tutti insieme lo dicano e preghino, e così tutti insieme si accostino alla mensa; quegli, dico, che per sua negligenza o vizio non sarà arrivato, ne sia ripreso sino alla seconda volta. Se poi non si emenderà, gli venga interdetto di partecipare alla mensa comune; ma, separato dal consorzio degli altri, si refocilli solo, toltagli la sua porzione di vino, sino a che non avrà soddisfatto e non si sarà emendato. Simile pena abbia colui che non sarà presente al verso, che si dice dopo il cibo. E niuno ardisca prendere nulla di cibo o di bevanda prima o dopo dell'ora stabilita. Ma se ad uno fosse offerto alcunché dal Superiore, e lo ricusasse, venendogliene desiderio in altra ora, non possa prendere né quello che prima aveva rifiutato né null'altro, sino a che non siasi emendato convenientemente.

44

DEL MODO CON CUI GLI SCOMMUNICATI DEBBONO SODDISFARE.

Colui che per grave colpa viene scommunicato dall'Oratorio e dalla mensa, nel tempo che si celebrano i Divini Officii nell'Oratorio, giaccia prostrato davanti alla porta dell'Oratorio, senza parlare; ma steso colla faccia per terra, stia curvato ai piedi di coloro ch'escono dall'Oratorio. E così faccia, sintanto che l'Abbate non giudichi aver esso soddisfatto. E quando abbia avuto il cenno dell'Abbate, vada a gittarsi ai piedi di esso Abbate, e poi a quelli di tutti i fratelli, onde preghino per lui. Allora, se lo comandi l'Abbate, venga ricevuto in coro nel posto che l'Abbate avrà decretato; ma però non ardisca d'intonare salmo o lezione o altro nell'Oratorio, senza un nuovo cenno dell'Abbate. E in tutte le ore, nel terminarsi l'officio divino, si prosterni in terra nel luogo dove sta, e così soddisfaccia, sino a che l'Abbate di nuovo non gli comandi di cessare finalmente da questa soddisfazione.

Coloro poi che per colpe leggiere vengono scommunicati

soltanto dalla mensa, soddisfacciano nell'Oratorio finché piacerà all'Abate; e così prosieguano a fare, sino a che egli li benedica, e ordini che basti.

45

DI COLORO CHE FALLANO NELL'ORATORIO.

Se alcuno, nell'intonare o salmo o responsorio o antifona o lezione, falla; se non si sarà ivi alla presenza di tutti umiliato per soddisfare, sia sottoposto a maggior pena; come colui che non volle correggere con l'umiltà il peccato commesso per negligenza. Ma i fanciulli, per simiglianti colpe, siano battuti.

46
DI COLORO CHE FALLANO IN ALTRE COSE.

Se alcuno occupato in qualsivoglia lavoro, nella cucina, nella celleraria, nella dispensa, nel forno, nell'orto, in qualunque mestiere o in qualsiasi luogo, commette fallo, o rompe qualcosa, o la perde, o cade in alcuno anche lievissimo mancamento; s'egli subito non va a soddisfare, svelando il suo fallo, innanzi all'Abbate, o alla Comunità; conosciuto che sia ciò per altro modo, venga sottoposto a maggiore ammenda. Che se il peccato dell'anima è secreto, lo manifesti solo all'Abbate o ai padri spirituali; i quali sappiano curare le proprie ed altrui ferite, senza scoprirle e publicare.

47

COME L'ORA DELL'OPERA DI DIO DEV'ESSERE ANNUNZIATA.

Sia a cura dell'Abbate annunziar lui l'ora dell'Opera di Dio e di giorno e di notte, ovvero commetterne il pensiero a un fratello così vigilante, che tutto sia adempiuto alle ore convenienti. Quanto ai salmi e alle antifone, dopo dell'Abate le intonino coloro che per ordine di lui saran chiamati. Niuno poi ardisca di cantare o leggere, se non sia capace di compiere un tale ufficio; e ciò, perché restino edificati coloro che ascoltano. Il che si faccia con umiltà, gravità e trepidanza, da colui cui l'Abbate lo ingiungerà.

48

DEL LAVORO GIORNALIERO.

L'oziosità è la nemica dell'anima. Onde in certi tempi hanno i fratelli da occuparsi in lavori di mani, e in altri nella divina lettura. Perciò crediamo di ordinare così le une e le altre ore: cioè, che dalla Pasqua sino al primo di Ottobre, uscendo la mattina da Prima, lavorino in quello ch'è di necessità, sin quasi all'ora quarta. Dall'ora quarta sin quasi a Sesta attendano alla lettura. Dopo Sesta, levandosi da mensa, si riposino nei loro letti in perfetto silenzio; o se per avventura qualcuno volesse leggere, legga ivi così, che nessuno ne sia disturbato. Si dica l'officio di Nona più presto, verso le ore due e mezzo; e poi di nuovo lavorino i fratelli in ciò che occorre sino al Vespro. Se poi la condizione o la povertà del monastero chiedesse che i monaci dovessero di per sé raccogliere le biade, non se ne lamentino: poiché allora son veri monaci, quando vivono col lavoro delle loro mani; come fecero i nostri Padri e gli Apostoli. Ma tutto si faccia moderatamente in riguardo di quelli che sono di piccolo cuore.

Dal primo di Ottobre però sino al principio di Quaresima, attendano alla lettura sino alla seconda ora in punto. All'ora predetta dicano Terza, e poi sino a Nona tutti attendano al lavoro che vien loro ingiunto. Ma dato il primo segno di Nona, si spicchi ciascuno dal suo lavoro, e stia pronto al battere del secondo segno. Dopo la refezione attendano o alle loro letture ai Salmi.

Nella Quaresima, dal mattino sino a Terza in punto attendano alle loro letture; e poscia sino alla decima ora sonata lavorino in ciò che è stato loro ordinato. Nei quali giorni di Quaresima ognuno prenda un codice dalla Biblioteca, e lo legga tutto per intero da capo a fondo. Essi codici si distribuiscano il primo giorno della Quaresima.

Sopra tutte queste cose siano destinati uno o due Seniori, che vadano attorno pel monastero nelle ore in cui i fratelli attendono alla lezione; e veggano se mai vi fosse alcun fratello accidioso che se ne stesse in ozio, o fosse occupato in vane ciancie, anzi che accudire alla lettura; e così non solo riuscisse inutile a sé, ma benanche sobillatore degli altri. Se un dì cotali (che mai non sia!) si trovasse, venga corretto una e due volte, e non emendandosi, sia sottoposto alle pene regolari; e si fattamente, che gli altri n'abbiano timore. Né un fratello si unisca ad altro fratello in ore incompetenti. Nella Domenica tutti attendano alla lettura, tranne quelli che sono destinati ai varii officii. E se vi fosse taluno tanto negligente ed ozioso, che non voglia o non possa meditare o leggere, gli si dia un lavoro a fare, onde non istia senza far nulla. Ai fratelli infermi o delicati s'imponga tale faccenda o lavoro, che fuggendo l'ozio non siano oppressi dalla soverchia fatica, e l'abbiano poi ad abborrire. Alla debolezza de' quali l'Abbate deve avere gran riguardo.

49

DELL'OSSERVANZA DELLA
QUARESIMA.

Sebbene la vita del monaco in ogni tempo abbia da serbare l'osservanza quaresimale; pure, siccome pochi hanno questa virtù, così insinuiamo, che in questi giorni di Quaresima ciascuno custodisca la sua vita con ogni purezza; e similmente in questo santo tempo, ripari a tutte le negligenze degli altri tempi. Il che allora si fa degnamente, quando ci riteniamo da tutti i vizii, e diamo opera all'orazione col pianto, alla lettura, alla compunzione del cuore e all'astinenza. Pertanto in questi giorni aggiungiamo sopra di noi stessi qualche cosa all'usato peso della nostra servitù: preghiere particolari, astinenza dal mangiare o dal bere: affinchè ciascuno offerisca a Dio, di propria volontà e con letizia di Spirito Santo, qualche cosa di più della misura a lui ingiunta. Tolga al suo corpo alcun che del cibo, della bevanda, del sonno, del parlare, del sollazzo, ed aspetti con gaudio di spirituale desiderio la Santa Pasqua. Quella stessa cosa però, che alcuno offerisce, la manifesti all'Abbate, e si faccia col volere e coll'ajuto dell'orazione di lui. Perocchè ciò che si fa senza il permesso del Padre spirituale, sarà imputato a vanagloria e a prosunzione, non a mercede. Adunque tutto si faccia col beneplacito dell'Abbate.

50
DE' FRATELLI CHE LAVORANO LUNGI DALL'ORATORIO O CHE SONO IN VIAGGIO.

I fratelli che sono occupati in lavori lontani, e non possono accorrere ad ora giusta all'Oratorio, se l'Abbate sa che così è, recitino il divino Offizio colà dove lavorano, piegando le ginocchia con tremore dinanzi a Dio. Così pure quelli che sono in viaggio, non lascino passare le ore stabilite; ma, come possono, adempiano il loro santo dovere, e non siano negligenti a rendere il tributo della loro servitù.

51

DE' FRATELLI CHE VANNO NON MOLTO LUNGI.

I fratelli che van fuori per qualche incombenza, e sperano di ritornare in quel giorno stesso al monastero, non ardiscano mangiare nulla fuori di casa, ancora che ne fossero con grande istanza pregati da qualsiasi persona; se non forse loro lo avesse comandato l'Abbate. Che se facciano altrimenti, siano scommunicati.

52
DELL'ORATORIO DEL MONASTERO.

L'Oratorio tal sia, quale è nominato; né quivi si faccia o pensi mai altra cosa veruna. Compiuto l'Officio divino, tutti con sommo silenzio escano: e si usi rispetto alla casa di Dio, affinchè se un fratello vuole per avventura particolarmente fare orazione da sé, non sia impedito dall'altrui importunità. Ma se altri vuole per sé secretamente pregare, entri con semplicità di cuore, e preghi non a voce alta, ma con interna devozione e compunzione. Epperò a chi non è per far questo, non gli si conceda di trattenersi nell'Oratorio compiuto l'officio divino, come si è detto; affinchè gli altri non vengano disturbati.

53

COME SI DEBBANO RICEVERE GLI OSPITI.

Tutti gli ospiti che arrivano, siano ricevuti come se fosse Cristo Signore; poiché egli dirà un giorno: Fui ospite, e voi mi riceveste. — Ed a tutti sia reso conveniente onore, ma molto più a quelli della nostra stessa Fede e ai pellegrini.

Appena che dunque sarà stato annunziato un ospite, gli vadano incontro il superiore o i Fratelli con ogni espressione di carità; e primieramente preghino insieme, e così si accompagnino in pace con esso. Il qual saluto di pace non si dia, se non dopo l'orazione, per isfuggire le illusioni diaboliche. Nello stesso saluto poi si mostri grande umiltà, sia nell'arrivare sia nel partire ciaschedun'ospite. Col capo chino, con tutto il corpo prostrato in terra, si adori Cristo, il quale in persona di loro si riceve. Gli ospiti, così ricevuti, si conducono nell'Oratorio, e poscia sieda con essi il Superiore o chi sarà da lui destinato. Leggasi alla presenza dell'Ospite la santa Scrittura, per dargli edificazione; e quindi sia trattato con ogni umanità. Il Superiore rompa anche il digiuno per far compagnia all'ospite, salvo che non sia digiuno tanto speciale, da non potersi violare. I fratelli però osservino anche i digiuni di uso. L'Abbate dia l'acqua alle mani degli Ospiti; tutti poi, così l'Abbate come l'intiera Comunità, lavino i piedi ad essi; e lavati che loro li abbiano, dicano questo verso: *Suscepimus Deus misericordiam tuam in medio templi tui.* —

Principalmente si abbia grande e sollecita cura nel ricevere i poverelli e i pellegrini, perocché in essi massimamente si riceve Cristo. Infatti la potenza, nei ricchi, si procaccia onore da sé stessa.

La cucina dell'Abbate e degli ospiti sia a parte; affinchè sopravvenendo in certe tali ore gli ospiti, che non mancan mai nel monastero, essi non disturbino i Fratelli. In questa cucina entrino ad anno due fratelli, che siano al caso di adempiere un tale uffizio. Ad essi, secondo il bisogno, siano aggiunti compagni, perchè servano senza lamentarsi. All'incontro, quando hanno piccola occupazione, escano, dove loro si comandi, al lavoro.

E non solamente in questi, ma anche in tutti gli altri impieghi del monastero, si abbia questa considerazione; che quando necessitano, siano aggiunti compagni a chi fatica; e poi, quando sono senza lavoro, facciano i lavori che son loro imposti.

Similmente alla camera degli Ospiti sia assegnato un fratello, pieno l'anima del timore di Dio; e vi siano letti convenientemente acconciati; e, come nella casa di Dio, tutto sia sapientemente da persone sapienti amministrato. Niuno però, a cui non sia stato comandato, si accompagni o parli per veruna guisa cogli Ospiti. Ma se s'imbattesse con loro o li vedesse, salutatili umilmente, come dicemmo, e chiesta loro la benedizione, passi oltre, dicendo che a lui non è lecito parlare coll'Ospite.

54

SE DEBBA IL MONACO RICEVERE LETTERE O ALTRO.

In verun modo sia lecito ai monaci ricevere o dare, senza il comando del loro Abbate, lettere, ricordi o qualsivoglia donativo né dai proprii parenti, né da chicchesia, né darseli tra loro. Che se anche venisse loro diretta alcuna cosa dai proprii genitori, non ardiscano di prenderla, senza averla prima mostrata all'Abbate. Che se questi comanderà che si accetti, resta tuttavia in suo potere di ordinare a chi si debba consegnare: e il fratello cui la cosa era diretta, non se ne rattristi, per non dare occasione al demonio. Chi poi altrimenti presumesse di fare, sia sottoposto alla pena regolare.

55

DELLE VESTI E DELLE CALZATURE DEI FRATELLI.

Le vesti siano date ai fratelli secondo la condizione dei luoghi dove abitano del clima; poiché nei paesi freddi ce n'è più di bisogno, e nei caldi meno. L'Abbate dunque abbia ciò alla mente. Quanto a noi, giudichiamo che nei climi temperati bastino a ogni monaco la cocolla, che in inverno sia pelosa ed in estate liscia o vecchia, la tonaca, e lo scapolare per il lavoro: ai piedi, scarpe e calze. Circa il colore o grossezza di tutte queste cose i monaci non si prendano pensiero, ma sian quali si trovano nel paese di loro dimora, o che costi meno. L'Abbate però provveda circa la misura, affinché le vesti non siano corte a chi deve usarne, ma aggiustate. Nel ricevere le vesti nuove, sempre subito restituiscano le vecchie per riporsi come spoglie per i poveri. Imperciocché basta al monaco avere due tonache è due cocolle, per mutarsi la notte e poterle lavare. Ciò che fosse di più, come inutile va tolto. Anche le scarpe, o qualsivoglia cosa strutta, restituiscano nel ricevere le nuove. Coloro che sono mandati in viaggio, prendano dalla stanza de' vestiarii le brache; e ritonati che siano, le restituiscano lavate. Si abbiano altresì delle cocolle e delle tonache un poco migliori di quelle che comunemente si usano; e le piglino dalla stanza dei vestiarii coloro ch'escono in viaggio, e tornando le restituiscano.

Per i letti poi bastino il pagliericcio, la materassa, la coperta e il guanciale. E i letti siano spessi rovistato dall'Abbate, che non vi si trovi alcun che di particolare; e a chi si trovi cosa che l'Abbate non abbia data, gli siano applicate le più gravi pene. E perchè questo vizio di proprietà sia estirpato sin dalla radice, l'Abbate dia a tutti quello ch'è necessario; cioè la cocolla, la tonaca, le scarpe, le calze, le brache, la coltella, lo stilo, l'ago, la pezzuola, le tavolette, per toglier di mezzo ogni scusa. L'Abbate però sempre consideri quella sentenza degli Atti degli Apostoli; cioè, che davasi a ciascuno ciò che gli occorreva. E così dunque l'Abbate tenga di conto il bisogno dei deboli, e non il mal volere degl'invidiosi. E in tutti i suoi giudizii pensi alle retribuzioni di Dio.

56
DELLA MENSA DELL'ABBATE.

La mensa dell'Abbate sia ogni dì cogli ospiti e coi pellegrini. Quando poi son pochi gli ospiti, sia in sua facoltà invitare quei fratelli che vuole. Lasci però sempre uno o due seniori cogli altri fratelli per amore della disciplina.

57
DEGLI ARTEFICI DEL MONASTERO.

Se vi sono nel monastero artefici, essi esercitino la loro arte con ogni umiltà, se l'Abbate vi acconsente. Che se alcuno di loro s'insuperbisse per la conoscenza della sua arte, perchè gli sembra di dare qualche cosa al monastero, costui sia levato da quell'arte, e mai più non vi sia rimesso; salvo che umiliatosi, l'Abbate non gliel comandi.

Dovendosi poi vendere qualche lavoro degli artefici, si guardino coloro per le cui mani passerà la cosa, dall'adoperare la menoma frode. Si ricordino sempre di Anania e di Saffira, onde costoro e tutti quelli che frodarono in qualche cosa il monastero non si procaccino la morte all'animar come quei ne furono colpiti nel corpo,

Così nell'assegnare i prezzi non si lascino trasportare dalla tentazione dell'avarizia; ma sempre si venda alquanto meno che dai secolari, affinchè in ogni cosa sia glorificato Iddio.

58

DELLA REGOLA DI RICEVERE I FRATELLI.

Venendo qualche persona nuova a convertirsi, non gli si conceda l'ingresso tanto facilmente; ma, come dice l'Apostolo, si provino gli spiriti se vengono da Dio. — Adunque se colui che viene persisterà a picchiare, e, dopo quattro o cinque giorni mostrerà di sopportare pazientemente le ingiurie fattegli e le difficoltà di entrare, e starà saldo nella sua petizione, se gli conceda l'ingresso, e stia nel quartiere degli ospiti per pochi giorni. Di là passi al quartiere dei Novizii, dove mediti, mangi, e dorma. E a lui sia destinato un seniore che sia adatto a guadagnare le anime: il quale lo guardi con occhi scrutatori, e investighi se veramente cerca Iddio, e se si mostra pronto all'opera di Dio, all'obbedienza, alle contumelie. Si annunzino a lui cose dure ed aspre; per le quali si va al Signore: e se avrà promesso di perseverare nella sua stabilità, dopo il giro di due mesi gli si legga questa Regola per intiero, e gli si dica: Ecco la legge sotto cui vuoi militare: se la puoi osservare, entra; ma se non puoi, libero ti parti. — Se tuttavia resterà, allora sia ricondotto nel sopradetto quartiere dei Novizii, e di nuovo sia provato in ogni sofferenza. Dopo il giro di sei mesi gli sia riletta la Regola, perchè conosca a che egli si mette. E se ancora persiste, a capo di quattro mesi di nuovo gli sia riletta la stessa Regola. E se dopo aver seco deliberato, prometterà di osservare tutto, e piegarsi a quanto gli verrà comandato, allora sia ricevuto in Comunità, e sappia che egli è già sotto la legge della Regola, e non gli è più lecito uscire dai monastero, né scuotere dal collo il giogo della regola, che in sì lunga deliberazione poteva egli respingere o abbracciare.

Or colui che dev'essere ricevuto, prometta nell'Oratorio alla presenza di tutti la sua stabilità e la conversione de' suoi costumi e l'obbedienza, alla presenza di Dio e de' suoi Santi; onde se mai diversamente operasse, sappia di cadere sotto la condanna di Dio, che egli così sbeffa. Della qual sua promessa faccia petizione nel nome dei Santi, le cui Reliquie ivi sono, e dell'Abbate presente. E scriva essa petizione di sua mano, o almeno, se è illetterato, altri a sua preghiera la scriva, ed ei vi faccia la croce; e con le mani proprie la ponga sull'altare. Dopo che l'avrà posta colà, esso novizio incominci subito questo verso: *Suscipe me, Domine, secundum eloquium tuum, et vivam; et non confundas me ab expectatione mea.* — E tutta la comunità ripeta questo verso tre volte, aggiungendovi il *Gloria Patri*. Allora il fratello novizio si prostri ai piedi di ciascuno, onde preghino per lui: e sin da quel giorno sia ricevuto nella Comunità. Se possiede qualche cosa, o prima la dispensi ai poveri, o facendone solenne donazione, la dia al monastero, niente riservandosi per sé; come colui, che sa da quel giorno non aver potestà nemmeno sul proprio corpo. Subito dunque sia spogliato nell'Oratorio delle sue robe, delle quali è vestito, e prenda l'abito monastico. Ma quelle vesti che gli son tolte, si ripongano nella stanza de' vestiarii, a conservarsi;

onde se un giorno egli acconsentisse al diavolo (che mai non avvenga!), e volesse uscire dal monastero, sia spogliato dell'abito monastico, e venga espulso. Ma quella petizione, che l'Abbate avrà portata via di sopra l'Altare, non gli sia ridata; e si conservi anzi in monastero.

59
DEI FIGLI DEI NOBILI O DEI POVERI CHE SONO OFFERTI.

Se per avventura alcuno de' Nobili offre un suo figlio a Dio nel monastero; se esso fanciullo è minorenne, i suoi genitori facciano la petizione detta di sopra, e involgano nella tovaglia dell'altare insieme con l'oblazione la petizione e la mano del fanciullo: e così l'offrano. Quanto alle sostanze, o promettono nell'atto della petizione stessa, con giuramento, di non dargli giammai nulla né essi medesimi né per mezzo di altra persona o in alcun modo, e neanche porgergli destro di averne. Ma, non volendo ciò fare, e piacendo loro offrire in elemosina al monastero qualche cosa come per mercede, facciano donazione al monastero di quello che loro aggrada, riservandosene, se così vogliono, l'usufrutto. E ogni cosa sia così fermata, che non rimanga veruna idea in mente del fanciullo, per la quale ingannato, che Dio non voglia, perda l'anima sua, come abbiamo per l'esperienza imparato. Facciano il somigliante anche i più poveri. Quelli poi che assolutamente non hanno niente, facciano la sola petizione, e coll'oblazione offeriscano il loro figlio alla presenza dei testimoni.

60

DEI SACERDOTI CHE VOLESSERO ABITARE IN MONASTERO.

Se alcuno dell'Ordine sacerdotale supplicherà di essere ricevuto in monastero, neanche a lui si acconsenta tanto presto. Persistendo nulladimeno con ogni premura in essa supplica, se gli faccia noto, che dovrà osservare tutta la disciplina della Regola; né sarà per lui alleggerito il peso in veruna parte; affinchè sia per lui come sta scritto: Amico, perchè sei venuto? — Gli venga concesso però di stare dopo l'Abbate, e benedire e celebrare la messa, se l'Abbate glielo comanderà. Altrimenti, in nessuna guisa ardisca di far checchessia, sapendo ch'è soggetto alla disciplina regolare, e deve in tutto più degli altri dare esempio di umiltà. E se alcuno fosse nel monastero, o per celebrare i divini uffizi o per altra cagione, tenga quel luogo che gli si compete, secondo il tempo in cui venne in monastero, non il posto che gli si concederebbe per riverenza al Sacerdozio. I Chierici poi, se alcun di loro per lo stesso desiderio volesse entrare tra i monaci, siano collocati in posto mediocre; purché promettano l'osservanza della regola e la loro stabilità.

61

DEI MONACI PELLEGRINI COME SI DEBBONO RICEVERE.

Se sopravvenga qualche monaco pellegrino da lontano paese, e voglia abitare come ospite in monastero, adattandosi alle consuetudini del luogo, e non turbando la comunità con le sue pretese, ma semplicemente contentandosi di quello che trova; sia ricevuto per quanto tempo brama. E se egli ragionevolmente e con umile carità trova da riprendere qualche cosa, ponderi bene l'Abbate, se mai il Signore gliel'avesse mandato a tal fine. Volendo però giurare la stabilità, non gli sia negato quel che chiede; sopratutto poi se nel tempo della sua ospitalità si è potuto conoscere la sua vita. Che se nel tempo ch'è stato ospite fosse stato trovato amante di superfluità o vizioso, non solo non dovrà essere incorporato nel monastero, ma anzi gli si dica in onesto modo, che parta, onde non restino contaminati gli altri dalle sue miserie. Ma se non sarà meritevole di essere scacciato, non solo sia ricevuto e aggregato alla Comunità, se lo chiede; ma si procuri altresì di persuaderlo a restare, perchè dal suo esempio vengano ammaestrati gli altri: perocché in qualsiasi luoge si serve a uno stesso Dio, e si milita sotto lo stesso Re. Anzi sia lecito all'Abbate di metterlo in un posto alquanto più elevato, se lo troverà degno. Perocché l'Abbate può assegnare non solo al monaco, ma anche alle mentovate classi di sacerdoti e Cherici un posto più alto di quello del loro ingresso, ogni volta che vegga commendevoli i loro costumi. Si guardi però l'Abbate di ricevere mai ad abitare un monaco, che venga da altro monastero conosciuto, senza il consenso o le lettere commendatizie dei suo Abbate; giacché sta scritto: Non fare ad altri ciò che non vuoi sia fatto a te.

62

DEI SACERDOTI DEL MONASTERO.

Se qualche Abbate bramerà di fare ordinare un prete o un diacono, scelga tra i suoi chi sia degno di esercitare il Sacerdozio. Colui poi che sarà ordinato si guardi dall'arroganza e dalla superbia, né ardisca ingerirsi in nulla, se non in quello che gli è comandato dall'Abbate; e sappia, ch'egli deve essere molto più soggetto alla disciplina regolare. Nè per causa del sacerdozio si dimentichi dell'obbedienza alla Regola e della disciplinatezza; ma ogni dì più profitti nella via del Signore. Egli poi tenga sempre il posto che ebbe nel tempo del suo ingresso in monastero, salvo quando ministra all'altare; o che per elezione della Comunità e volere dell'Abbate si voglia promuoverlo in considerazione del merito della buona vita. Esso però sappia, che deve eseguire la Regola prescritta dai Decani o dai Prepositi. Che se diversamente avrà osato di fare, non sia trattato come sacerdote, ma come ribelle; e se spesso ammonito non si sarà corretto, anche il Vescovo sia chiamato perchè vegga il tutto. E se neanche con questo mezzo si sarà emendato, venute in chiaro le di lui colpe, sia cacciato dal Monastero; se però sia tale la sua pertinacia che non voglia assoggettarsi ed obbedire alla Regola.

63
DELL'ORDINE DELLA COMUNITÀ.

Tutti serbino in monastero i loro posti, secondo che porta il tempo della conversione e il merito della vita, o quello che avrà deciso l'Abbate. Il quale però non conturbi il gregge a lui affidato, né quasi usando libera potestà, disponga mai cosa alcuna ingiustamente; ma pensi ognora, che dovrà rendere ragione a Dio di tutti i suoi giudizii e delle opere sue. Adunque i Fratelli si accostino alla pace, alla comunione, alla intonazione dei salmi, allo stallo del coro, secondo gli ordini loro, o secondo che avrà disposto l'Abbate. E sempre e in tutti i luoghi l'età non discerna e non progiudichi gli ordini; poiché Samuele e Daniele, fanciulli, giudicarono i più vecchi. Pertanto, tranne quelli che, come si disse, l'Abbate avrà nella sua sapienza innalzati a più alto posto, o degradati per qualche ragione, tutti gli altri prendano luogo secondo il tempo della conversione. Così, a cagione di esempio, chi sarà venuto in monastero alla seconda ora del giorno, si riconosca più giovane di colui che venne all'ora prima, non ostante qualsiasi età o dignità. Su i fanciulli poi sia in tutto mantenuta la disciplina da tutti.

 I più giovani adunque onorino i più anziani, e i più anziani vogliano bene ai più giovani. Anche nello stesso chiamare a nome, a niuno sia permesso di chiamar l'altro pel semplice nome; ma i più anziani chiamino Fratelli i più giovani, e i più giovani chiamino Nonni i più anziani, il che significhi paterno rispetto. L'Abbate poi, che è considerato far le veci di Cristo, sia chiamato Donno, e Abbate, non per sua usurpazione, ma per onore e amore di Cristo. Egli quindi vi pensi, e tale si dimostri, quale uno che è degno di sì grande onore. Dove che poi s'incontrino i Fratelli, il più giovane chieda la benedizione al più anziano. Passando un superiore, l'inferiore si levi, e gli dia luogo a sedere: né ardisca il più giovane di sedersi, se non glielo comandi il più anziano, per adempiere quello che sta scritto: Si prevengano in onore a vicenda. — I fanciulletti o garzonelli prendano regolarmente i loro posti all'Oratorio e alle mense; fuor di questi luoghi o dovechessia, stiano sotto la custodia e la disciplina, insino a che non siano pervenuti all'età della discrezione.

64

DELL'ELEZIONE DELL'ABBATE.

Nell'elezione dell'Abbate si abbia sempre questo di mira, che sia stabilito colui, che tutta la Comunità, secondo il timore di Dio, ovvero una parte di essa, ancorché piccola, ma con più savio consiglio, avrà scelto. Quegli che deve essere eletto, sia eletto per merito di vita e dottrina di sapienza, sebbene fosse l'ultimo nell'ordine della Comunità. Che se anche tutti della Comunità, di comune accordo, avessero scelto una persona connivente ai loro vizii (che ciò mai avvenga!), e detti vizii fossero giunti in qualche modo a notizia del Vescovo nella cui Diocesi trovasi il luogo, o di Abbati o di buoni cristiani vicini, impediscano che trionfi il consenso dei malvagi, e stabiliscano essi un degno ministro della casa di Dio; ricordandosi ch'essi ne riceveranno buona mercede, se ciò faranno incora rettamente e per zelo del Signore; come per lo contrario peccherebbero, se nulla facessero.

L'Abbate eletto pensi poi sempre qual carico egli tolse a portare, e a chi deve rendere ragione della sua amministrazione; e sappia che a lui spetta piuttosto di giovare che dominare. Convien dunque ch'egli sia addottrinato nella legge divina, affinchè sappia onde profferisca le cose della legge nuova e antica. E sia casto, sobrio, misericordioso, umile, e sempre metta innanzi la misericordia alla giustizia, per ottenere anche per sé il somigliate. Odii i vizii, ami i fratelli. Anche nella stessa correzione si governi prudentemente, e in niuna cosa non ecceda; affinchè per voler troppo radere la ruggine, non si rompa il vaso. E stia sempre guardingo sulla sua propria debolezza, e si ricordi che la canna fessa non si deve spezzare. Con questo non diciamo già, che permetta si alimentino i vizii, ma li tronchi con prudenza e carità, come meglio vedrà convenire a ciascuno, secondo quello che già innanzi fu detto; e si studii più di essere amato, che temuto. Egli non sia turbolento e impaziente; non troppo esigente e caparbio; non sia geloso e troppo sospettoso, perocché non avrebbe mai pace. Nei suoi stessi comandi sia previdente e misurato o che si tratti delle cose di Dio o del mondo. Le cose ch'egli ingiunge, le discerna e le moderi, ripensando alla discrezione del santo Giacobbe, che diceva: Se io farò troppo affaticare nel cammino le mie greggi, moriranno tutte in un giorno. — Prendendo pertanto questi ed altri esempi di ogni virtù, temperi tutto così, che i vigorosi credano di poter fare anche dippiù, e i deboli non si traggano indietro. E sopra tutto osservi in ogni cosa la presente Regola: affinchè dopo che avrà bene amministrato, ascolti dal Signore quello che fu detto al servo buono, il quale dispensò a suo tempo il grano ai suoi compagni: Io vi dico in verità, egli sarà costituito all'amministrazione di tutti i beni del padrone.

65

DEL PREPOSITO DEL MONASTERO.

Spesso pur troppo avviene, che per l'elezione del Preposito, sorgano gravi scandali nei monasteri; perocché vi sono di essi, che, gonfiati dal cattivo spirito della superbia, si stimano di essere altrettanti Abbati, si arrogano un potere tirannico, fomentano scandali, suscitano discordie nella comunità; e massimamente in quei luoghi, dove il Preposito viene scelto dallo stesso Sacerdote o dagli stessi Abbati che eleggono l'Abbate. Ciò facilmente si vede quanto sia strano; giacchè gli si dà cagione d'insuperbire sin dal principio dell'elezione, persuadendosi di suo capo ch'egli sia sciolto dalla soggezione del suo Abbate, perchè fu eletto da quelli stessi che eleggono l'Abbate. Indi le invidie, le querimonie, le detrazioni, le gelosie, le dissensioni e i disordini. E così nell'atto che l'Abbate e il Preposito pensano diversamente, non si può evitare che in tale discordia pericolino anche le loro anime. E mentre che quelli che son sotto di loro parteggiano per l'uno o per l'altro, se ne vanno alla rovina. Or la colpa di sì gran danno si ascrive principalmente a coloro che furono i promotori di sì fatte elezioni. Perciò noi giudichiamo spediente alla conservazione della pace e della carità, che sia nell'arbitrio dell'Abbate l'ordinamento del suo monastero; e, se può farsi, come fu già stabilito, si tratti con i Decani quello ch'è utile al monastero, secondo che piacerà all'Abbate; affinchè commessa la cosa a più persone, uno non monti in superbia. Che se o il luogo lo richiede o la Comunità umilmente lo domandi con ragione, e l'Abbate lo trovi conveniente, quello ponga per Preposito ch'egli avrà scelto col consiglio dei fratelli timorati di Dio. Il quale Preposito poi faccia con ogni soggezione quello che gli sarà comandato dal suo Abbate: e nulla mai faccia contro il volere e il cenno di esso Abbate; perocché quanto più egli è posto al di sopra gli altri, tanto più conviene che sia sollecito nell'osservare i precetti della regola. Che se il Preposito sarà trovato vizioso, o ingannato dai fumi della superbia, o conosciuto dispregiatore della santa Regola, sia ripreso con parole sino alla quarta volta, e non emendandosi, sia corretto secondo la disciplina regolare. E se neanche per questo si emenderà, allora sia tolto dal posto della prepositura, e nel suo luogo sia chiamato un altro che ne sia degno. Dopo di che, se non sarà quieto e obediente in Comunità, si espella persino dal Monastero. Pensi però l'Abbate, ch'egli dovrà a Dio rendere ragione di tutti i suoi giudizii: affinchè non forse la fiamma dell'invidia e della contesa gli abbruci l'anima.

66
DEI PORTINAI DEL MONASTERO.

Alla porta del Monastero sia posto un vecchio saggio, che sappia ricevere e riferire le ambasciate; e la maturità degli anni gl'impedisca di andar vagando. Esso Portinaio deve avere una cella presso la porta; onde chi viene, trovi sempre chi gli risponda. E subito che alcuno avrà picchiato, o qualche povero avrà chiamato, risponda, o benedica al Signore; e poscia sollecitamente con ogni fervore di carità, e con ogni mansuetudine di timore di Dio gli risponda. Il qual portinaio, se ha necessità di aiuto, abbia quello di un fratello più giovane.

Il Monastero poi, per quanto si può, dev'essere costruito in modo, che abbia tutte le cose necessarie, come l'acqua, il mulino, l'orto, il forno e le diverse arti, affinchè tutto si faccia dentro del monastero; e così non abbiano necessità i monaci di andar vagando fuori, perchè questo non è punto utile alle anime loro. E questo articolo di Regola vogliamo che sia letto spesso in Comunità, perchè niuno dei fratelli possa scusarsi, allegandone ignoranza.

67
DEI FRATELLI CHE VANNO IN VIAGGIO.

I Fratelli che hanno da mettersi in viaggio, si raccomandino all'orazione di tutti gli altri Fratelli o dell'Abbate; e sempre, nell'ultima orazione dell'officio divino, si faccia memoria di tutti gli assenti. Ritornati poi dal viaggio, i fratelli nello stesso giorno dell'arrivo, in tutte le ore canoniche, alla fine dell'officio divino, prostrati in terra nell'Oratorio, implorino preghiere da tutti per le mancanze commesse, se mai del viaggio l'aver veduta o udita cosa turpe o il parlare ozioso avesse loro tolto dello spirito religioso.

Nè alcuno ardisca riferire agli altri qualsiasi cosa abbia veduta o ascoltata fuori del monastero; perchè ne vengono gravissimi mali. Che se taluno abbia ardito di farlo, sia sottoposto alle pene della Regola. Similmente per chi avrà ardito uscire dal chiostro del monastero, o recarsi dovecchessia, o fare il menomo che senza comandamento dell'Abbate.

68
SE A UN FRATELLO SIAN COMANDATE COSE IMPOSSIBILI.

Se venga ingiunta a un Fratello cosa per avventura grave o impossibile, accolga in ogni modo il comando con ogni mansuetudine e soggezione. Ma vedendo che la gravità del peso supera del tutto la misura delle sue forze, pazientemente a a tempo opportuno, senza superbia o renitenza o contrasto, esponga al superiore le ragioni della impossibilità. Che se dopo tale spiegazione il comandamento del Superiore sarà mantenuto tal quale; sappia l'inferiore che così gli è spediente, e per riguardo di carità, confidando nell'ajuto di Dio, obbedisca.

69

CHE IN MONASTERO NESSUNO ARDISCA DIFENDERE UN ALTRO.

Si guardi bene, che in nessun caso un monaco ardisca difendere un altro monaco nel monastero, o mostrar di proteggerlo, fossero pur essi parenti in qualsivoglia grado. E ciò in verun modo ardiscano di fare i Monaci: perchè ne può quindi sorgere gravissima occasione di scandali. Che se qualcuno avrà trasgredita questa regola, sia punito assai severamente.

70
CHE NIUNO ARDISCA PERCUOTERE ALTRUI.

Ad evitare nel monastero ogni occasione di arroganza, stabiliamo, che a niuno sia lecito di scommunicare o battere quale che sia dei suoi Fratelli, eccetto colui che ne ebbe il potere dall'Abbate. I trasgressori poi siano rimproverati alla presenza di tutti, onde gli altri ne prendano timore. I fanciulli però sino al decimo quinto anno siano sotto la diligente disciplina e la guardia di tutti; ma questo pur con modo e misura. Quanto poi a quelli di maggiore età, se alcuno, senza il comandamento dell'Abbate, si riscalderà troppo contro di loro o contro gli stessi giovanetti, sia sottoposto alle pene della Regola; perchè sta scritto: Non fare altrui ciò che non vuoi sia fatto a te.

71

CHE I FRATELLI DEBBANO OBBEDIRSI L'UN L'ALTRO.

Il bene dell'obbedienza non solo è da prestarsi all'Abbate, ma anche i Fratelli si prestino eguale obbedienza tra di loro; certi, che per questa strada dell'obbedienza andranno a Dio. Premesso dunque il comando dell'Abbate e dei Prepositi da lui stabiliti (al qual comando non permettiamo che si antepongano i comandi de' privati); quanto al rimanente, tutti i più giovani obbediscano ai più anziani di loro, con ogni carità e premura. E trovandosi qualcuno litigioso, sia corretto.

Se poi un Fratello, per cagione piccola che sia, vien punito dall'Abbate o da qualsivoglia suo Superiore, come che fosse; ovvero si accorgerà per poco che l'animo di un suo Superiore è adirato o anche leggermente commosso contro di lui, subito senza indugio, prostrato in terra innanzi ai piedi di lui vi giaccia in segno di riparazione, fintanto che con la benedizione sia sanata quell'agitazione. Che se alcuno disprezzerà di farlo, sia sottoposto a pena corporale, o, se sarà ostinato a non farlo, sia scacciato dal monastero.

72

DEL ZELO BUONO CHE DEBBONO AVERE I MONACI.

Siccome vi è un zelo cattivo di amarezza che separa da Dio, e conduce all'inferno; così vi è un zelo buono, che separa dai vizii, e conduce a Dio ed alla vita eterna. Questo zelo pertanto esercitino i Monaci con fervorosissimo amore: facciano cioè tra loro a gara a chi più renda onore all'altro. Pazientissimamente si tollerino i difetti sia di corpo sia di carattere; a gara si rendano obbedienza tra sé: niuno tenga dietro al suo proprio utile, ma più a quello degli altri: si usino carità di fratelli in casto affetto: temano Iddio: amino il loro Abbate di sincero ed umile amore: niente giammai preferiscano a Cristo, il quale tutti ci conduca insieme alla vita eterna.

EPILOGO

COME IN QUESTA REGOLA NON OGNI OSSERVANZA DI GIUSTIZIA SIA STABILITA.

Noi abbiamo scritto questa Regola, affinchè osservandola nei monasteri, noi dimostriamo di avere alquanto di onestà ne' costumi, o come un avviamento di conversione. Ma per chi si affretta alla perfezione della vita, vi sono le dottrine dei Santi Padri, la cui osservanza conduce l'uomo alla cima della perfezione. Qual mai pagina o qual parola ispirata del Vecchio e del Nuovo Testamento, non è rettissima norma della vita dell'uomo? O qual libro dei Santi Cattolici Padri non rìsuona questo, cioè che si vada al nostro Creatore per la via diritta? E le conferenze dei Padri, e le istituzioni e le Vite loro, e la stessa Regola del Santo Padre nostro Basilio, che altro sono, se non esempi e istrumenti di virtù di monaci veramente buoni e obbedienti? A noi pigri e di vita rilasciata tali cose ci fanno arrossire di vergogna. Ma chiunque tu sii che aneli di andare alla patria celeste, questa minima Regola che ho scritta, mettiti con l'aiuto di Cristo ad osservarla. E poi a quelle più eccelse cime di dottrina e di virtù dette di sopra, con la protezione di Dio tu certamente perverrai.

Copyright © 2020 by FV Éditions
Cover picture : *Saint Benoît de Nursie* by Alessandro Turchi.
Ebook ISBN : 979-10-299-0913-9
Paperback ISBN : 9798646306020
Hardcover ISBN : 979-10-299-0914-6
All rights reserved.

www.ingramcontent.com/pod-product-compliance
Lightning Source LLC
LaVergne TN
LVHW091544070526
838199LV00002B/208